1891-1894

BULLETIN
DE
L'Association Littéraire et Artistique
INTERNATIONALE

Fondée sous la Présidence d'honneur de VICTOR HUGO

23945

DEUXIÈME SÉRIE — N° 15 — JANVIER 1891

COMPOSITION DU BUREAU
Session 1890-1891)

SIÈGE SOCIAL & AGENCE : 17, rue du Faubourg-Montmartre, PARIS

8 Z
11093

MEMBRES DU COMITÉ D'HONNEUR

Allemagne.

MM. Friedrich Bodenstedt.
Gustave Freytag.
Paul Heyse.

Amérique latine.

MM. Rafael Zaldivar.
Manuel de Peralta.

Angleterre.

MM. J.-A. Froude.
W.-E. Gladstone.
Fraser Rae.
Max Muller.
W. Knighton.

Autriche.

MM. Bauernfeldt.
Louis Speidel.
Joseph Unger.
Hans de Witezek.

Belgique.

MM. Rolin Jacquemyns.
Bernaert.
Gevaert.

Danemark.

M. P. Holst.

Espagne.

MM. Emilio Castelar.
Marquis de Casa Laiglesia.
Gaspar Nunez de Arce.
Juan Valéra.
Don Segismundo Moret y Pren-
dergast.
Don José de Echégaray.
Don Manuel Tamayo y Baus.
Don Benito Perez Galdos.

France.

MM. Jules Grévy.
Jules Ferry.
Ferdinand de Lesseps.
Jules Simon.
Pierre Zaccone.
Jules-Lermina.
Fallières.
Meissonier.
Bardoux.
Pouillet.
Jules Oppert.
Louis Ratisbonne.
Henri de Bornier.
Xavier Charmes.

Hongrie.

MM. Maurice Jokay.
Charles Szasz.
Munkaczi.

Italie.

MM. Cesare Cantu.
Comte Tiépolo.
Paulo Fambri.
De Leva.

Norvège.

M. Fr. Baetzmann.

Pays-Bas.

MM. Asser.
Van Duyl.

Pologne.

MM. Théophile Lenartowicz.
Chodzkiewicz.
Henri Sienkiewicz.

Suisse.

MM. Ruchonnet.
Numa Droz.
Carl Vogt.

MEMBRES DU COMITÉ EXÉCUTIF (1890-1891)

Allemagne.

MM. Carl W. Batz.
Dr W. Lœwenthal.
Robert Schweichel.
Gustave Diercks.

Angleterre.

MM. G.-A. Henty.
Léon Delbos.
Clifford Millage.
Campbell Clarke.
G.-H. Escott.

Argentine (République).

M. A. Ocampo.

Autriche.

MM. Hugo Wittmann.
Edgar Spiégel.
A. Friedmann.

Belgique.

MM. E. de Laveleye.
Louis Cattreux.
Cluysenaer.
Radoux.
Wilbaux.
Frans Gittens.
De Borchgrave.
Dillens.
Jules Carlier.

Danemark.

MM. Richard Kauffmann.
Robert Watt.

Espagne.

MM. A. Calzado.
Castillo y Soriano.
Merry del Val.
Carlos Luis de Cuenca.
Eduardo Caballero de Puga

France.

MM. A. Belot.
Mario Proth.
Alb. Liouville.
Alph. Pagès.
Armand Dumaresq.
L. Lyon-Caen.
Ch. Lyon-Caen.
Ed. Clunet.
Ch. Ebeling.
V. Souchon.
Doumerc.
Tony-Robert Fleury.
Bayard.
Lionel Laroze.
Al. Cahen.
Beaume.
J. Kugelmann.
J. Hetzel.
A. Lefeuvre.
Adrien Marie.
Mackar.
A. Leduc.

Hongrie.

MM. A. Saissy.
L. Pulski.
De Szemere.
Dr Nordau.
R. Chélard.
V. Rakosy.

Italie.

MM. Carlo del Balzo.
Al. Kraus.
Castori.
Molmenti.
Bolaffio.
Mayrargues.
Polacco.

Pays-Bas.

MM. C.-E.-V.-L. Van Zuylen.
G.-A. Van Hamel.
Taco H. de Beer.
A.-C. Wertheim.
W. Wintgens.

Pologne.

MM. Lad. Mickiewicz,
Rechniewski.
Pawlowski.

Portugal.

MM. Ed. Coelho.
Pinheiro Chagas.

Roumanie.

MM. Georges Djuvara.
B.-P. Hasdeu.

Suède.

M. G. Renholm.

Russie.

M. Halpérine Kaminsky.

Suisse.

MM. Ed. Tallichet.
G. Becker.
Aloys d'Orelli.
Henri Morel.

BUREAU DE LA SESSION 1890-1891

Dans sa séance du 28 octobre 1890, le Comité exécutif de l'Association littéraire et artistique internationale a procédé au renouvellement de son bureau, pour la session 1890-1891, conformément aux statuts.

La liste de ce bureau figure en tête du bulletin.

Le Comité a, dans cette même séance, conféré le titre de président perpétuel à M. Ladislas Mickiewicz,

Et a décidé qu'une médaille serait adressée à M. Carl Batz, membre du Comité exécutif, en raison des services qu'il a rendus à l'Association.

Congrès de Berlin en 1891

Sur l'invitation qui lui en a été faite par les trois principales Sociétés littéraires d'Allemagne :

1° Schrifsteller Verband ;

2° Berliner Presse ;

3° Literarische Gesellschaft,

l'Association littéraire et artistique internationale, réunie en Congrès à Londres, a décidé qu'elle tiendrait son 13° Congrès à Berlin en 1891.

Un comité d'organisation et de réception est déjà en voie de formation à Berlin.

Le congrès aura lieu du 12 au 19 septembre 1891.

DINERS MENSUELS

Les dîners mensuels de l'année 1891 auront lieu aux dates suivantes :

Mardi 27 janvier.	Mardi 28 juillet.
Mardi 24 février.	Mardi 25 août.
Mardi 31 mars.	Mardi 29 septembre.
Mardi 28 avril.	Mardi 27 octobre.
Mardi 26 mai.	Mardi 24 novembre.
Mardi 23 juin.	Mardi 29 décembre.

Chaque mois, les membres de l'Association recevront un avis leur rappelant la date du banquet en les informant de l'endroit où il aura lieu. Nous ne saurions trop les prier d'envoyer leur adhésion quelques jours d'avance, la régularité du service et la bonne organisation ne pouvant être assurées qu'à cette condition.

APPLICATION DE LA CONVENTION DE BERNE

En ce moment, des difficultés d'une certaine importance semblent se produire dans différents pays pour l'application de la Convention de Berne de 1886, notamment en ce qui concerne les œuvres dramatiques et musicales.

M. Ribot vient de recevoir une délégation composée de MM. Eugène Pouillet, Jules Lermina et Victor Souchon, représentant l'Association littéraire et artistique internationale et la Société des auteurs, compositeurs et éditeurs de musique, qui a remis entre ses mains un dossier sur cette question que le ministre des affaires étrangères a promis d'examiner avec le plus grand soin.

Nous tenons à porter, dès à présent, à la connaissance des membres de l'Association l'une des notes de ce dossier dont nous donnons ici le texte :

Sous le régime actuel des Conventions internationales, les Français jouissent, en certains pays étrangers, des mêmes droits que dans leur pays.

C'est ainsi qu'en Suisse les Français ont pu revendiquer en justice, conformément à la Convention franco-suisse, l'application des lois françaises et interdire l'exécution de leurs œuvres dramatiques et musicales.

Or, on annonce en Suisse l'intention de dénoncer la Convention conclue avec la France en 1882, et cette dénonciation aurait pour conséquence de placer les Français en Suisse sous le régime exclusif de l'Union internationale de Berne en 1886, qui assure simplement, à tous les ressortissants des différents pays de l'Union internationale, le traitement des nationaux — le traitement des nationaux en Suisse, c'est la négation du droit d'auteur.

Chacun peut en Suisse s'emparer des œuvres dramatiques et musicales dans un but de bienfaisance, soit dans un but de lucre; et dans ce dernier cas, le maximum de droits à percevoir ne peut s'élever à plus de 2 0/0. C'est en réalité la charité obligatoire et c'est l'expropriation dans un but d'intérêt privé du domaine littéraire et artistique.

La France, en entrant dans l'Union de Berne, n'a jamais eu l'intention de constituer un instrument diplomatique qui pût être dirigé contre ses auteurs. C'est une pensée de générosité et de progrès qui a réuni les adhérents des différents pays sous les auspices du gouvernement helvétique pour conclure l'Union internationale de Berne.

Il est donc désirable que les Conventions internationales ne puissent en principe être abrogées qu'à la condition que l'Union de Berne soit appliquée et interprétée par chaque État comme l'ont été les Conventions internationales particulières, c'est-à-dire que l'Union de Berne ne puisse en aucun cas constituer un écueil dans le domaine de la protection littéraire et artistique et dans le cas où, par la dénonciation des Conventions, l'Union de

Berne constituerait le seul lien de protection légale pour les pays de l'Union, il conviendrait de reconnaître que la dénonciation des traités n'a pas pour but de porter préjudice aux auteurs, ou pour conséquence de restreindre les droits reconnus et consacrés sous le régime des Conventions.

Il faut donc qu'il soit bien convenu que l'Union de Berne ne put restreindre les avantages acquis aux pays de l'Union au moment de leur adhésion à l'acte diplomatique du 6 septembre 1886 et dans l'espèce, si la dénonciation de la Convention franco-suisse doit avoir pour conséquence de porter atteinte aux droits des Français en Suisse, il convient d'échanger une déclaration au moment de la dénonciation en vue de réserver les droits acquis, ou de conclure une union restreinte pour garantir le maintien de tous les droits consacrés jusqu'à présent.

COMPTE RENDU DU CONGRÈS DE LONDRES
(1890)

L'Association littéraire et artistique internationale a tenu son douzième Congrès à Londres, du 4 au 10 octobre 1890, sous le patronage et la présidence d'honneur du très honorable SIR ISAAC, *lord maire de la Cité de Londres.*

Un Comité de réception avait été formé ; il se composait de MM. Henry Irving, Frank Harris, Edmond Yatès, G.-A. Sala, E.-I Lawson, W. Besant, E. Gosse, le professeur Max Müller, W.-H Polloch, Lynn Linton, le professeur Seeley, Léopold Graham (vice-président de l'Association), Dr W.-H. Russell, R.-D. Blackmore, C. Kegan Paul, J.-M. Niel Whistler, Macmillan.

La plupart des membres du Comité, retenus par leurs occupations, ne purent malheureusement pas assister aux séances et prendre part aux travaux du Congrès.

La presse anglaise y était largement représentée et l'Association ne saurait trop lui savoir gré du soin qu'elle a apporté à publier des articles très étendus sur les délibérations et les résolutions votées par le Congrès.

Le lord-maire a somptueusement offert l'hospitalité aux membres du Congrès en leur ouvrant les portes du *Mansion House*, sa résidence, où ont eu lieu les séances solennelles d'ouverture et de clôture qui toutes deux ont été suivies d'un lunch dont les honneurs étaient faits par le lord-maire et lady-mayoress.

Un splendide banquet auquel étaient conviés les principaux littérateurs anglais leur a été également offert par le lord-maire à *Mansion House*, le lundi 6 octobre, et au dessert la *Coupe d'or* contenant le vin d'honneur a fait le tour de la table en passant de mains en mains.

En souvenir de cette hospitalité, les membres du Congrès ont offert au lord-maire et à lady-mayoress un album renfermant des autographes et des aquarelles, voulant leur témoigner ainsi leur gratitude pour l'accueil qui leur a été fait pendant leur séjour à Londres.

Séance solennelle d'inauguration du samedi 4 octobre 1890.

La séance est ouverte à trois heures et demie, dans la grande salle égyptienne au *Mansion House*, sous la présidence d'honneur du LORD-MAIRE, qui prend place sur l'estrade, ayant à ses côtés les membres du bureau et les délégués des différents États représentés au Congrès.

Le LORD-MAIRE prononce en français le discours suivant :

Mesdames et Messieurs,

Au nom du comité de réception, j'ai l'honneur et le plaisir de vous donner la bienvenue à l'ancienne Cité de Londres et à ce douzième congrès de l'Association littéraire et artistique internationale.

Quant à moi, je ne prétends être ni homme de lettres ni artiste, mais je prétends être en sympathie avec ceux qui consacrent leurs talents et leur vie à des occupations qui contribuent tant à nous amuser, à nous instruire, à nous élever et à rendre joyeux nos jours et nos nuits, qui, sans les produits de leurs brillantes intelligences et puissantes imaginations, resteraient tristes à jamais.

Qu'on s'imagine, pour un instant, le monde privé de peintres, de sculpteurs, de musiciens, d'auteurs, d'acteurs et d'actrices, et je vous demande, quel monde ce sera alors ?

J'affirme que sans ces êtres intelligents, notre vie serait privée de tous ses charmes et de tous ses attraits.

Dans nos occupations de tous les jours, de combien ne sommes-nous pas redevables à nos journalistes ?

Dans les heures d'affliction, qui arrivent tôt ou tard, plus ou moins, même aux plus fortunés des mortels, ne trouvons-nous pas notre meilleur soulagement dans nos livres de prédilection ?

Dans les longs et mornes jours de maladie et de souffrances, dont aucun de nous n'est exempt, les heures ne semblent-elles pas s'envoler en présence de nos auteurs favoris ?

Mais, Mesdames et Messieurs, les trésors littéraires artistiques et musicaux que nous apprécions tant ne se produisent pas automatiquement. Ces trésors sont les récoltes d'esprits bien cultivés, récoltes qui ne s'obtiennent point sans beaucoup de labeur et de soins ; et un des objets de ce Congrès est de mettre en état le travailleur qui a labouré pour produire et récolter sa moisson intellectuelle, de jouir de tous ses droits de propriété, exactement comme si sa récolte eût été de blé, de fruits ou de vin.

Le voleur qui oserait enlever les produits du sol se rendrait responsable envers la loi ; il serait traduit devant les tribunaux, jugé et condamné sans merci. A plus forte raison, alors, devrait-on s'attendre à ce que la loi prenne sous son égide l'artiste, l'auteur et le compositeur, et qu'elle proclame, au moins dans chaque pays civilisé, que celui qui vole le produit de travaux intellectuels devrait être jugé comme criminel, à l'égal de celui qui vole les produits des champs, des vignobles ou des vergers.

Mesdames et Messieurs, j'espère sincèrement que les efforts combinés et l'influence des personnes qui vont faire partie de cet important Congrès, atteindront ce grand objet.

Si cet espoir se réalise, nous aurons accompli quelque chose qui servira non seulement à nos contemporains, mais aussi à ceux qui leur succèderont dans les champs de la littérature, des sciences et des arts.

M. Louis RATISBONNE, président perpétuel de l'Association littéraire et artistique internationale, prend ensuite la parole :

Mylord,

C'est à mon éminent ami, au savant jurisconsulte M. Eugène Pouillet, qu'aurait dû appartenir, plutôt qu'à moi, l'honneur de vous répondre, puisqu'il est le président en exercice de l'Association littéraire internationale. Son amitié seule et sa modestie ont pu lui faire penser que ce devait être plutôt le privilège d'un président sorti de fonctions, avec le titre, il est vrai, de président perpétuel, parce qu'il est perpétuellement dévoué à l'œuvre commune.

Mylord, la tâche de vous remercier est trop douce pour que j'aie essayé d'en décliner l'honneur.

Merci au nom de l'Association littéraire et artistique internationale, merci au nom de la France, capitale de cette Association, où elle est née sous les auspices de Victor Hugo, dont elle garde le chiffre dans ses armes, merci au nom de nous tous, écrivains, artistes, jurisconsultes venus de tous les points de l'horizon ; de tout notre cœur, merci !

Nous sommes profondément touchés des paroles empreintes d'une si franche cordialité et d'une si haute sympathie que vous venez de nous faire entendre. Elles ajoutent à notre reconnaissance pour la grâce et la grandeur de votre accueil, pour cette hospitalité sans prix que vous nous donnez ici, dans votre palais civique, dans ce palais de la cité glorieuse où vous nous invitez à abriter nos travaux.

C'est ainsi que le noble syndic de Venise nous avait reçus dans le vieux palais des Doges et que Madrid, pour nous fêter, nous conduisait à l'Escurial.

Comment et pourquoi de telles portes s'ouvrent-elles ainsi toutes grandes devant nous ? Pourrait-on l'expliquer, s'il ne s'agissait que de nous, modestes travailleurs, encore que quelques-uns sans doute jouissent d'une haute notoriété dans leur pays? Mais nous n'avons pas besoin d'être modestes pour l'idée dont nous sommes les dévoués, les fidèles, les infatigables missionnaires. C'est à elle qu'on fait un honneur dont elle est digne en l'accueillant si magnifiquement.

Cette idée, quelle est-elle ?

C'est la revendication des droits longtemps méconnus du travailleur intellectuel, de son indépendance matérielle et morale, du droit qu'il a d'abord d'avoir une pensée libre, ensuite que l'œuvre de sa pensée ne soit ni travestie, ni pillée, et qu'on la reconnaisse par tous pays comme la plus personnelle et la plus inviolable des propriétés. C'est ainsi que Lakanal qualifiait à la Convention la propriété littéraire, et cette qualification était d'une rigoureuse justesse. Le plus propriétaire de tous les propriétaires, n'est-ce pas en effet l'auteur d'un livre, qui est à la fois l'architecte et le maçon de sa propriété ? J'ajoute que cette propriété du travailleur intellectuel est éclairée à l'extérieur et que cette lumière est un bienfait pour tout le monde.

Notre idée est aussi qu'en fondant dans une cosmopolite association tous les ouvriers de l'esprit, qu'en nous serrant la main dans ces Congrès où nous apprenons à nous connaître, nous commençons entre les intelligences la grande ère fraternelle des nations.

Voilà l'idée que vous recevez, Mylord.

Elle a été lente à germer, plus lente encore à donner ses fruits, cette idée. Longtemps le travailleur intellectuel, impuissant à vivre de son travail, n'a pas même recueilli le respect, le pain moral auquel il a droit. Il a pu être à la fois pillé et méprisé. Un poète français que vous connaissez bien et que vous aimez en Angleterre, Alfred de Vigny, nous a montré dans cette double détresse un merveilleux enfant de ce pays, Chatterton, mort au siècle dernier de douleur et de misère. Dans le drame qui porte son nom, Chatterton est interrogé par lord Bekford, lord-maire de Londres, qui essaie de s'intéresser à lui et surtout de le détourner de la poésie. Il lui demande, en le gourmandant pour quelques chefs-d'œuvre qu'il a déjà commis, quelle idée il se fait des devoirs de tout bon Anglais envers son pays. « Je crois les comprendre, Mylord », dit Chatterton, et la poésie lui met dans la bouche cette belle et saisissante image :

« L'Angleterre est un vaisseau, notre île en a la forme : la proue tournée au nord, elle est comme à l'ancre au milieu des mers, surveillant le continent. Sans cesse elle tire de ses flancs d'autres vaisseaux faits à son image, qui vont la représenter sur toutes les côtes du monde. Mais c'est à bord du grand navire qu'est notre ouvrage à tous. Le roi, les lords, les communes sont au pavillon, au gouvernail, à la boussole ; nous autres, nous devons avoir tous les mains aux cordages, monter aux mâts, tendre les voiles, charger les canons ; nous sommes tous de l'équipage et personne n'est inutile dans la manœuvre de notre glorieux navire.

— Fort bien, mais que diable peut faire le poète dans la manœuvre ? dit dédaigneusement lord Bekford.

Et le poète répond avec exaltation :

— Il regarde dans les astres la route que nous montre le doigt du Seigneur. C'est le pilote ! »

Sur quoi le lord-maire lui offre dans son palais une place de domestique.

Le lord-maire du drame d'Alfred de Vigny (lord Bekford) ne ressemblait pas du tout, on le voit, à celui qui est devant nous, à sir Isaacs. Le drame se passe au siècle dernier. Il y a encore des sots qui méprisent la poésie. Mais ils sont passés les jours de honte et de misère. On ne verra plus l'homme de génie envoyant son manuscrit non au libraire, qui ne paye pas, mais au riche protecteur, avec une dédicace qui avilit le chef-d'œuvre. Aujourd'hui, comme le disait éloquemment M. Pinheiro Chagas, député au Parlement portugais, c'est la grande main anonyme de tous qui paye le poète, qui lui donne à la fois le laurier et le pain de ses enfants.

Ce que l'Association littéraire a fait de nos jours pour cette grande cause des auteurs et de leur droit, tout le monde le sait. Malgré la reconnaissance du droit depuis la Révolution, il était resté disputé et précaire, d'une durée très limitée, accordé aux nationaux, mais presque partout, hormis en France et à part quelques conventions particulières, refusé aux étrangers, enfin à la merci des tribunaux, auxquels il n'offrait que des législations incertaines. Quand l'Association fut fondée au grand Congrès de Paris, en 1878, et que nous vînmes à Londres tenir un second Congrès l'année suivante, la piraterie était encore florissante. Alors a commencé notre odyssée à travers les principaux centres intellectuels de l'Europe. Chacune de nos étapes a été pour ainsi dire marquée par un progrès. C'est ainsi qu'au cours de ces Congrès nous avons vu naître le code espagnol de la propriété littéraire, le plus libéral sur la matière, et le Code belge, que le premier ministre, M. Beernaort, a déclaré lui-même inspiré et préparé par nos délibérations. Nous pouvons avec un joyeux orgueil les considérer un peu comme les trophées de nos paisibles batailles, et surtout cette Convention de Berne, qui a scellé la victoire, ce traité d'union entre neuf grandes puissances, englobant sur trois continents un territoire d'un demi-milliard d'habitants, constituant une vaste République des lettres où le droit de chaque citoyen est respecté par toutes les nations contractantes.

Nous ne pouvons ici raconter notre histoire autrement qu'en ces quelques mots. Notre ardent, notre infatigable secrétaire perpétuel l'a fait tout au long, avec la collaboration de M. Pouillet, dans un livre documentaire publié l'année dernière et qui a pour titre le nom même de notre Association.

Mais nous n'entendons pas que notre histoire s'arrête, nous voulons la continuer. Notre devise est : Rien n'est fait tant qu'il reste à faire. Il nous reste à annexer pacifiquement d'autres territoires, il nous reste à conquérir les nations réfractaires au traité d'union, et de grandes nations telles que la Russie et les Etats-Unis. Et dans cette lutte paisible, ce n'est pas l'Angleterre qui nous marchandera sa sympathique assistance, elle dont le ballot de papier blanc peut sans doute courir les mers à l'abri des corsaires, mais dont la moindre feuille de papier, si elle porte une pensée, si elle est couverte de caractères imprimés ou manuscrits, peut être publiée à Boston ou à Philadelphie avant qu'à Londres elle soit séchée. Heureusement il se fait de ce côté un mouvement dans les esprits, précurseur d'une législation meilleure. L'espérance nous en est donnée par un membre éminent de ce Congrès, M. de Kératry, revenu de ces pays où il a servi énergiquement la bonne cause.

Il nous reste aussi à travailler à l'amélioration du traité de Berne, puisqu'il est revisable. Ici on nous dira : Soyez prudents, vous savez ce qu'on risque à vouloir trop gagner. Oui, nous le savons, et nous serons prudents et patients. Nous nous efforcerons de ne dire que des choses justes, pour qu'à leur heure elles puissent devenir des lois.

Mais est-ce imprudence d'affirmer, même après la Convention de Berne, qui a reconnu en principe le droit de l'auteur sur la traduction de son œuvre, que non seulement celui qui traduit un auteur sans son autorisation commet un vol, que s'il traduit de travers, il vole et tue en même temps, mais encore qu'il n'y a pas d'heure où ce vol devient convenable, que c'est un vol après dix ans comme après trois ans ? Est-ce que nous aurons tort si nous formons le vœu que la Convention revisée définisse d'une façon plus claire et plus complète qu'elle ne l'a fait les divers genres de larcins déguisés sous le nom d'adaptation ?

C'est pour cela que nous avons recommencé à travailler. Hier, c'était avec la Société des gens de lettres de France, au deuxième Congrès de Paris, présidé par Jules Simon, aujourd'hui au deuxième Congrès de Londres,

Encore plus de lumière ! disait en mourant le grand Gœthe. Nous revenons dans ce noble pays où les brumes de l'atmosphère sont fréquentes, mais dont le ciel intellectuel et moral n'est pas embrumé, nous venons dire : Encore plus de justice ! Car la justice, c'est la plus belle des lumières.

Pour que cet appel soit mieux entendu, pour qu'il soit plus retentissant, vous nous avez, Mylord, ouvert le Mansion House, honneur qui n'avait été fait encore à aucun Congrès.

Une telle faveur est un acte. Et, j'ose dire, Mylord, que cet acte hono-
rera grandement votre populaire magistrature.

M. CARL BATZ prend la parole au nom de l'Allemagne :

Mesdames, Messieurs,

Ce n'est pas seulement aujourd'hui que j'ai l'honneur de parler devant
vous à Londres ; nous sommes venus pour la première fois sur le sol
anglais en 1879 ; alors, nous n'étions pas aussi nombreux, nous ne
formions qu'un petit groupe, et je me rappelle même qu'on nous repro-
chait, dans mon pays, d'être venus dans ces conditions chez vous avec la
prétention de vouloir défendre les intérêts les plus sacrés de la propriété
littéraire et d'établir en même temps des liens d'amitié cosmopolite dans
tout l'univers.

Nous avons la joie, maintenant, de contempler le travail assidu et
fructueux de douze années, de même que vous voyez devant vous les
douze colonnes qui supportent le faîte de cette salle si hospitalière à
l'idée de la confraternité internationale. Et puis aussi, de ma place à ce
bureau, j'aperçois en face de moi douze autres colonnes, et quand douze
années se seront écoulées depuis ce Congrès, j'ose espérer que l'édifice
civilisateur que nous avons rêvé sera érigé suivant nos désirs les plus
chers, et qu'il offrira son toit hospitalier aux auteurs de toutes les
nations du globe. Je viens donc remercier M. le lord-maire de Londres
et lady-mayoress, de nous avoir si amicalement reçus chez eux ; et j'ai
l'extrême faveur, Mesdames et Messieurs, d'avoir reçu le mandat de
vous saluer confraternellement au nom de mes confrères et compatriotes
d'Allemagne.

M. HUERTAS salue l'Angleterre au nom de l'Espagne, qu'il représente au Congrès.

M. V. WAUWERMANS, au nom des congressistes de Belgique,
s'exprime en ces termes :

Il n'y a pas bien longtemps de cela, Mylord :

Comme les bonnes fées des contes et des légendes, de très puissants
Etats entouraient le berceau de notre petite Belgique ; elle venait de
naître à la vie politique, de ressaisir son existence propre, de recouvrer
une indépendance dont bien longtemps, hélas ! elle avait été privée.

Au premier rang de ces marraines tendres et attentives, et parmi les
plus souriantes, les plus prodigues en affections et en souhaits, était
votre noble Angleterre.

Depuis, la bonne fée ne nous a pas abandonnés : elle avait guidé et
soutenu nos premiers pas. Elle nous instruisit de ses conseils et de ses
exemples. C'est la grande sœur qui entoure de soins maternels les
cadets de la famille et que l'on aime à entourer d'une affection filiale.
Aujourd'hui, grâce à vous surtout, Mylord, n'allons-nous pas recueillir
ici encore de nouveaux enseignements ?

A la faveur de ce gracieux accueil, de ces encouragements que vous
accordez au Congrès de l'Association artistique et littéraire internationale, nous pourrons nous convaincre davantage, dans cette cité de
Londres, que les nations ne sont grandes que si elles développent dans
un égal unisson l'industrie et le commerce, les arts et les sciences.

Après avoir applaudi à vos généreux efforts pour atteindre cet idéal,
nous partirons avec cette ferme et sincère ambition de nous conformer
à vos exemples.

C'est une voix bien faible que la mienne, Mylord, pour vous exprimer
les sentiments que nous a inspirés votre si sympathique réception.

Plus qu'à d'autres elle a été au cœur, parce qu'en même temps qu'elle nous prouve votre sollicitude éclairée pour les idées qui sont chères à tous les membres du Congrès elle nous est offerte par celui qui incarne la vie municipale et est le gardien des franchises communales dont nous, Belges, sommes si fièrement jaloux.

Et voilà pourquoi je déplore si vivement le fâcheux accident auquel je dois de prendre la parole, à défaut d'une autre voix bien plus autorisée et autrement éloquente.

Au nom des congressistes de Belgique, du fond du cœur, soyez remercié, Mylord, de l'accueil que vous nous avez réservé.

M. MAX NORDAU, vice-président de l'Association, au nom de la Hongrie, rappelle que c'est par Londres que l'Association littéraire et artistique a commencé sa croisade pour les grandes idées dont elle s'est faite le champion. En tenant à Londres, en 1879, son premier Congrès après celui de Paris, elle a voulu rendre hommage à la nation qui a donné Shakespeare, Milton, Byron et tant d'autres génies à l'humanité, et qui, la première, a reconnu que l'auteur a droit à la protection de la loi. Depuis onze ans, l'Association a fait du chemin. Cela se manifeste même dans l'apparat extérieur du Congrès. Tandis qu'en 1879 il a dû se contenter de l'hospitalité, très gracieuse et très aimable à coup sûr, de la Société des Arts, cette fois il lui est donné de tenir ses assises dans cette merveilleuse « halle égyptienne », dans ce hautain « Mansion House » qui a vu si souvent les souverains les plus puissants de la terre comme hôtes de la cité de Londres. C'est là un privilège sans précédent, et l'Association est profondément reconnaissante au lord-maire d'avoir fait à son Congrès un accueil si flatteur. Oui, l'Association a fait du chemin depuis le premier Congrès de Londres. Elle a porté sa parole dans presque tous les pays de l'Europe, et partout où elle a passé elle a créé un mouvement des esprits dont les effets se font de plus en plus sentir. Elle a su ébranler cette machine si lourde et si compliquée qui s'appelle la diplomatie, et elle a amené la conclusion de cette Convention de Berne dont elle a le droit de s'enorgueillir. Aujourd'hui, la plupart des pays civilisés ont reconnu le principe de la propriété littéraire. Pourtant l'œuvre de l'Association est loin d'être achevée. Il y a encore des nations qui continuent à arborer le pavillon des pirates et qui disent, en modifiant légèrement le mot de Proudhon : « Le vol, voilà la propriété ! » Et, à côté de ces nations qui ont au moins le mérite de la franchise et de la logique dans la malhonnêteté, il y en a d'autres moins compréhensibles et moins conséquentes. Ces nations — et l'Autriche-Hongrie, que l'orateur représente, est malheureusement du nombre — reconnaissent parfaitement le principe de la propriété littéraire, elles conviennent parfaitement que la contrefaçon est un vol, mais elles n'admettent au bénéfice de la protection que les auteurs citoyens ou sujets d'Etats avec lesquels elles ont des traités de réciprocité. Vous voyez la situation qui est faite à un auteur dans ces pays paradoxaux. On lui vole son livre. Il se plaint. Le magistrat lui répond : « Ah ! on a fait une contrefaçon de votre œuvre ? C'est un crime. Nous allons poursuivre le coupable. Mais, d'abord, de quel pays êtes-vous ? » L'auteur nomme un pays. Le magistrat feuillette un livre, puis il dit froidement : « En ce cas, je ne puis rien pour vous ; nous n'avons pas de traité avec votre pays. » — « Mais, monsieur, on m'a volé. Votre loi qualifie la contrefaçon de vol. » — « Je sais bien. Mais la loi ne punit pas ce vol s'il est commis contre vous. » Quelle contradiction ! Quelle barbarie ! Est-ce que, lorsqu'un voleur tire la montre à quelqu'un, on s'enquiert de la nationalité du volé pour poursuivre le voleur ? Est-ce que, pour punir un assassin, on consulte l'acte de naissance et le passeport de l'assassiné ? Il n'y a que les tribus sauvages qui ne considèrent pas comme des crimes punissables les méfaits commis contre l'étranger, l'inconnu. La civilisation nous a appris que certaines actions sont criminelles en elles-mêmes et doivent être réprimées sans égard à la personne au détriment de laquelle elles ont été commises. Les lois criminelles sont l'expression de la conscience et de la morale publiques, et non point la sanction d'on ne sait quelles conventions diplomatiques. Eh bien ! il faut que le vol littéraire et artistique soit tout simplement assimilé au vol ordinaire et réprimé au nom de la morale publique, non au nom d'une convention ou d'un traité de commerce, et tant que ce but n'est pas atteint, l'Association devra continuer, en luttant, sa marche vers la victoire finale.

M. Henri Morel, vice-président de l'Association, secrétaire général du Bureau de Berne, représentant la Suisse, prononce le discours suivant :

Mylord-Maire,

Je représente une toute petite nation. Sa population ne compte guère plus que la moitié de celle de la ville dont vous êtes le premier magistrat. Mais, si mon pays est de superficie restreinte, la nature, par une sorte de compensation, l'a doté de sommets qui attirent sur lui l'attention du monde entier. Cette particularité ne pouvait échapper à la nation anglaise, où le développement corporel est envisagé avec raison comme formant la base du développement intellectuel. Aussi est-ce par milliers que chaque année les citoyens de la Grande-Bretagne se répandent dans nos vallées et dans nos montagnes, et les parcourent tant et si bien que probablement un certain nombre de vos administrés connaissent plus en détail la petite Suisse que la grande cité qui nous reçoit aujourd'hui.

A la tête de ces vaillants alpinistes se trouvait, jusqu'à l'année dernière, un homme dont le nom éveillera un sentiment de grande sympathie dans cette assemblée, car elle connaît l'influence exercée par lui sur l'entrée de la Grande-Bretagne dans l'Union internationale pour la protection des œuvres littéraires et artistiques. J'ai nommé sir Francis Adams, représentant de ce pays en Suisse, où il s'était attiré de si vives sympathies, que pour tous ceux qui l'ont connu dans notre peuple le deuil causé par sa mort prématurée a été ressenti comme si la Suisse avait perdu un de ses enfants.

Il y a ainsi entre nos deux nations, lors même qu'elles ne sont pas voisines, des points de contact bien affirmés. En voici encore un : Nous sommes des pays de droit d'asile et ici il n'y a plus de grand ni de petit État, mais l'existence d'un principe profondément humanitaire, puisqu'il trouve son application lorsque les divergences d'aspirations et d'intérêts produisent entre les hommes de dures et de violentes commotions.

C'est donc en constatant avec plaisir les liens qui existent entre votre patrie et la mienne, Mylord-Maire, que j'apporte ici le salut de la Suisse.

M. A. Ocampo, au nom de la République argentine, s'exprime en ces termes :

Mylord-Maire, Messieurs,

Le pays que je représente ici, la République argentine, est éloigné de l'Angleterre par la distance, mais rapproché par les goûts comme par les intérêts.

Certes, au sein d'un Congrès littéraire, et dans une ville telle que Londres, la place qu'il peut tenir est celle que tiennent les jeunes gens dans une Assemblée. Nous ne sommes pas assez vieux pour avoir une puissante littérature, bien que notre presse marche hardiment sur les traces de votre presse anglaise, comme l'activité fébrile de notre capitale rappelle en petit celle qui se déploie autour de nous. En ce moment surtout, la littérature doit céder à la politique. Nous traversons une époque un peu difficile et de nature à inquiéter ceux qui ne connaissent ni les ressources ni surtout le caractère de nos nationaux. Quelle qu'en soit l'issue, vous pouvez être assurés que tous les efforts seront tentés, et qu'au sortir de cette période par laquelle tous les Etats ont passé à leurs débuts la vigueur de la race se donnera carrière; la littérature qui sommeille encore un peu s'éveillera soudain et brillera, en même temps que la prospérité de la nation rappellera celle de sa sœur de l'Amérique du Nord. Alors, Mylord, alors Messieurs, la République sera telle qu'elle a le désir d'être, dans sa noble ambition, et si les circonstances font que nous nous retrouvions ici, en un troisième Congrès, dans quelque dix ans, et qu'une voix s'élève encore au nom de mon pays, elle pourra vous dire, j'en ai le ferme espoir : « Voilà ce qu'on vous avait promis, et voilà ce que nous avons réalisé. » Dans les pays nouveaux les souhaits de la veille deviennent les réalités du lendemain.

Permettez-moi donc, Mylord, permettez-moi, Messieurs, de saluer un grand vieux pays au nom d'un jeune pays qui veut devenir grand.

M. Armand Dumaresq, au nom des artistes français, remercie le lord-maire de sa cordiale et aimable hospitalité dans le palais de la Cité, puis demande pour les œuvres d'art et pour leur reproduction une protection et des droits identiques à ceux que la loi a accordés aux œuvres littéraires. Il y a, en effet, un grand rapport, au point de vue de l'invention, entre toutes les œuvres de l'esprit, que ce soit livre ou tableau, comédie ou statue, c'est une création du génie humain, l'équité réclame la bienveillante protection de la loi pour établir les droits de chacun, aussi bien ceux de l'auteur que ceux du reproducteur ou de l'éditeur. La question est difficile, il y a des intérêts bien différents à concilier, et pourtant elle est résolue dans bien des pays ; aussi cette idée de justice fait son chemin, elle le fera ici comme ailleurs, les sentiments libéraux du peuple anglais sont trop connus pour que l'on puisse en douter, surtout, Mylord, après votre gracieuse et bienveillante réception.

M. E. Pouillet, président de l'Association, prononce ensuite le discours suivant :

Mylord, Milady,
Messieurs et Mesdames,

L'honneur d'ouvrir le Congrès et de saluer le premier, au nom de l sociation littéraire et artistique internationale, la terre glorieuse qui vit naître Shakespeare, revenait de droit à notre cher président perpétuel, à mon ami Ratisbonne, l'écrivain délicat, le poète ingénieux et charmant, le traducteur sincère de Dante.

Et si je me hasarde, après lui, à prendre la parole, c'est pour exprimer en quelques mots mes sentiments personnels de gratitude pour la grande ville qui nous reçoit aujourd'hui, qui donne asile à notre Congrès et qui nous offre, dans ses musées, les plus merveilleux trésors du monde ancien et moderne, réunis à profusion pour l'édification de tous ; c'est aussi pour témoigner de notre admiration pour ce génie incomparable du peuple anglais qui sait allier le culte du commerce et de l'industrie, poussé jusqu'à son plus haut degré, avec l'amour des lettres et des arts et qui a produit en même temps de grands industriels : Watt, Stephenson, Siemens, Bessemer ; de grands écrivains : Sterne, Dickens, Walter Besant ; de grands et d'immortels poètes : Shakespeare, Milton, Byron, et de nos jours, Swinburn et Tennyson.

Je veux vous remercier personnellement, Mylord et vous aussi Milady, de la bonne grâce avec laquelle vous nous accueillez et de l'éclat tout particulier que vous ajoutez à nos travaux en les prenant sous votre patronage et en leur donnant pour cadre le palais du Mansion House. Il était digne du premier magistrat de la cité de Londres de se faire le Mécène d'un Congrès dont le but est de défendre le droit des auteurs. Je veux enfin adresser un mot de remerciement à M. Grahame, le directeur du *Galignani*, qui a été le véritable organisateur du Congrès à Londres.

Mais, au moment même où le Congrès va s'ouvrir, il n'est que juste (et ma qualité de jurisconsulte m'en fait un devoir) de rappeler que c'est l'Angleterre qui, la première entre toutes les nations, a affranchi les hommes de lettres et a consacré leur droit par une loi positive. En le désignant sous le nom de *copy-right*, elle a montré que c'était là non pas l'octroi d'une faveur ou d'un privilège, mais la reconnaissance d'un droit fondé sur le génie lui-même.

L'exemple donné dès 1710 par l'Angleterre, presque toutes les nations l'ont suivi ; les unes sont allées plus vite et plus loin, d'autres sont restées en arrière. Quelques-unes ont fait des distinctions, protégeant sans réserve les auteurs nationaux et refusant au contraire toute protection aux auteurs étrangers, comme si les œuvres de la littérature et des arts n'étaient pas de tous les pays, comme si la pensée avait une nationalité et n'était pas le patrimoine de l'humanité tout entière, comme si la République des lettres et des arts n'était pas, celle-là du moins, la République universelle.

C'est à propager ces idées que nous nous sommes dévoués ; elles sont la raison d'être de notre Association. Et c'est ainsi que, chaque année, un Congrès nouveau, renaissant pour ainsi dire des cendres des Congrès passés, va dans une ville nouvelle pour affirmer ses principes et faire des prosélytes.

Grâce à ces efforts, le progrès peu à peu s'ajoute au progrès, les malentendus s'expliquent, les barrières s'abaissent, les préjugés s'effacent, les nations se rapprochent, et ce rapprochement dans le domaine tout intellectuel des lettres et des arts les mène insensiblement et sans qu'elles s'en doutent vers l'œuvre finale de la pacification universelle. C'est à cette œuvre que nous sommes venus vous convier. Le Congrès de Londres sera digne de ses aînés ; il produira, j'en suis certain, des résultats féconds. Quel beau coup d'œil, Messieurs, si, jetant un regard vers le passé et prenant le droit d'auteur à son berceau, ici même en 1710, dans la vieille Angleterre, nous considérons le chemin parcouru ! Quel encouragement à persévérer et à maintenir notre devise qui est aussi la vôtre en toutes choses : En avant, toujours en avant !

Je n'ajoute qu'un mot, et celui-là au nom de nos confrères d'Italie : La Société italienne des auteurs avait désigné un délégué pour la représenter au Congrès, ce délégué était l'un de ses membres les plus éminents, M. Giacosa. Au dernier moment, une circonstance imprévue l'a empêché de venir à Londres et l'honorable président de la Société italienne, M. Visconti Venosta, m'a prié, en ma qualité de président de l'Association littéraire, de le représenter. J'ai accepté avec plaisir l'honneur qui m'était fait, et je me suis chargé de vous apporter le témoignage des sympathies de nos confrères d'Italie et de leurs regrets ; je me suis chargé de vous dire que les auteurs italiens envoient aux auteurs anglais leur salut fraternel.

M. Chaumat, délégué de M. le ministre de la Justice de France, prend la parole en ces termes :

Mylord,
Messieurs,

J'ai l'honneur, Mylord, de remettre entre vos mains ampliation de l'arrêté par lequel M. le ministre de la justice du gouvernement de la République française m'a délégué pour prendre part aux travaux de ce Congrès.

En me chargeant de cette délégation, M. le ministre a obéi à une double pensée.

D'une part, il estime que les travaux du Congrès de l'Association littéraire et artistique internationale sont une excellente préparation de l'œuvre législative qu'il peut y avoir lieu d'accomplir dans chaque pays, et spécialement en France, sur les questions de propriété littéraire et artistique. Ayant dans ses attributions ministérielles la législation civile, ses améliorations et ses progrès, M. le ministre a pensé qu'il devait suivre avec un intérêt tout spécial les travaux du Congrès de Londres, dont le programme nous promet de si utiles délibérations.

D'autre part, Messieurs, M. le garde des sceaux Fallières n'oublie pas qu'il est l'un des membres du Comité d'honneur de l'Association, et c'était une raison de plus pour qu'il désirât être représenté au Congrès. Il savait, Mylord, quel gracieux accueil vous vouliez bien nous réserver, dans votre magnifique résidence officielle du Mansion House ; il ne pouvait qu'être très sensible à cet accueil, et pour ma part, je suis heureux d'avoir à vous en remercier en son nom.

M. Jules Oppert, membre de l'Institut, vice-président de l'Association, remercie en anglais sir Henry Isaacs et le comité anglais. Il ne veut pas que la séance de réception, où jusqu'ici on n'a parlé que français, se termine sans que la reconnaissance du Congrès soit exprimée dans la langue de cette contrée hospitalière. En s'adressant ainsi à l'assemblée, il se conforme à un vœu formulé par le Bureau de l'Association, quoique cette condition le mette dans une infériorité marquée vis-à-vis des autres orateurs dont on vient d'écouter avec tant d'attention les éloquentes paroles. Mais il espère que le sentiment qui l'anime lui fournira aussi les moyens de l'exprimer et de le faire aller tout droit au cœur de ceux qui veulent bien l'écouter.

Nous sommes profondément reconnaissants de cette brillante réception dans le palais de la plus grande cité de l'univers, l'une des plus brillantes parmi celles dont les Congrès antérieurs peuvent se prévaloir.

Nous sommes remplis de gratitude, mais nous ne sommes nullement surpris. Nous savions à quoi nous pouvions nous attendre. Quelques-uns de nos collègues qui, pour la première fois, viennent de traverser le Canal de la Manche, ne s'attendaient pas à un si cordial accueil, quelque favorables qu'aient pu être leurs prévisions à cet égard; mais nous, qui connaissons l'hospitalité britannique depuis près de quarante ans, savions quel accueil l'Angleterre réservait à ceux qui défendent les droits sacrés de la propriété intellectuelle.

Quiconque connaît l'Angleterre sait qu'aucune aspiration généreuse n'y entre sans être accueillie avec empressement par des hommes d'élite, et, si elle trouve d'abord des adversaires, l'opinion publique sait vaincre les opposants, écarter les difficultés, de manière qu'elle sorte de ce pays victorieuse pour se répandre dans d'autres parties du monde. L'Angleterre respecte la liberté du droit de parler et d'écrire et de donner à sa parole son empreinte personnelle. Cette sage liberté qui respecte les droits d'autrui, comme elle sauvegarde les siens propres, est l'apanage de l'esprit moderne, et la voix qui proclame le droit de la propriété intellectuelle ne pouvait s'élever sans tirer un écho retentissant dans des esprits si ouverts à tout progrès. Nous remercions donc, de tout cœur, nos hôtes de leur brillant et cordial accueil.

M. LEIGHTON prend la parole en anglais au nom des artistes anglais et souhaite la bienvenue aux membres du Congrès.

Le LORD-MAIRE déclare ensuite le Congrès ouvert.

La séance est levée à quatre heures et demie.

Séance du lundi 6 octobre 1890.

La séance est ouverte à trois heures dans l'ancienne salle de bal nu *Mansion-House*, sous la présidence de M. LOUIS RATISBONNE.

M. le secrétaire perpétuel JULES LERMINA communique au Congrès la composition du bureau provisoire :

Présidents : M. LOUIS RATISBONNE, POUILLET, CARL EATZ, ANTONIN PROUST, HENRI MOREL et ARMAND DUMARESCQ.

Vice-présidents : MM. LÉOPOLD GRAHAME, JULES OPPERT, MAX NORDAU, GRENET-DANCOURT.

Secrétaire général : M. JULES LERMINA.

Secrétaires : MM. CHARLES EBELING, HENRI LEVÊQUE, A. OCAMPO, VAUNOIS et WAUWERMANS.
L'assemblée ratifie ce choix.

M. POUILLET remercie la presse anglaise de sa courtoisie et de l'exactitude avec laquelle elle a rendu compte de la séance d'inauguration. Il fait observer avec regret que le journal *le Temps*, de

Paris, a commis une erreur en désignant comme délégué du ministre de la justice M. Petilleau, qui, à la connaissance du bureau, n'a reçu aucune mission, et en signalant comme délégué de la Société des auteurs et compositeurs M. Pouillet.

M. AUBRY, correspondant du *Temps* à Londres, se lève et décline toute responsabilité au sujet de ce compte rendu ; il ajoute que la bonne foi du journal a été surprise et il ne doute pas que le journal ne s'empresse de rectifier le fait que vient de signaler M. Pouillet.
Le procès-verbal de la précédente séance est lu et approuvé.

M. A. OCAMPO donne communication de différentes lettres et télégrammes qui ont été adressés au bureau et qui comprennent :
Une lettre de M. le ministre de la justice du gouvernement de la République française, déléguant M. CHAUMAT, avocat à la cour de Paris, pour le représenter au Congrès ;
Une lettre du président de la *Concordia*, de Vienne, exprimant le regret que ni le président, ni les membres du bureau ne puissent se rendre officiellement à Londres, espérant que la Société y sera représentée par plusieurs de ses membres ;
Une lettre de M. CESARE CANTU, envoyant également ses regrets de ne pouvoir prendre part au Congrès, à cause de son grand âge ;
Un télégramme de M. VAN ZUYLEN, l'un des présidents de l'Association, exprimant l'intérêt qu'il prend aux travaux du Congrès, regrettant de se trouver dans l'impossibilité d'y assister ;
Une lettre de M. FÉLICE CARROTTI, retenu en Italie.

M. OCAMPO donne ensuite communication de la liste des délégués au Congrès et qui se compose de :
M. EMILE RICHARD, président et délégué du Conseil municipal de la Ville de Paris ;
M. PHILIPON, député, délégué du ministre de l'instruction publique de France ;
M. EDOUARDO CABALLERO DE PUGA, délégué du ministre de Fomento (Espagne) ;
M. CASTILLO Y SORIANO, délégué de la Société des écrivains et artistes espagnols ;
MM. ARMAND D'ARTOIS et FRANÇOIS DEBRY, délégués de la Société des auteurs et compositeurs dramatiques ;
MM. GRENET-DANCOURT et VICTOR SOUCHON, délégués de la Société des auteurs, compositeurs et éditeurs de musique ;
M. LOUIS CATTREUX, délégué de la Société des auteurs et compositeurs lyriques belges ;
MM. ANTONIN PROUST, GUSTAVE DREYFUS et DAVANNE, délégués de l'Union centrale des Arts décoratifs ;
MM. LÉON GRUS et ALPHONSE LEDUC, délégués de la Chambre syndicale du commerce de musique ;

M. Félix Mackar, président et délégué de l'Association des éditeurs de musique ;

M. Davrigny, délégué de la Société des artistes indépendants ;

M. William Brand, délégué de l'Association des écrivains allemands ;

MM. A. Weber et Joseph Bayard, délégués de la Société des Amis des arts, de Seine-et-Marne ;

Et M. Eugène Marbeau, délégué de la Société des études historiques de Paris.

L'ordre du jour comporte : l'*Examen de la Convention de Berne*.

M. Pouillet fait le résumé de son rapport (1), il rappelle que c'est grâce à l'initiative de l'Association qu'une conférence internationale, toute privée, se réunit à Berne en 1883, et rédigea un avant-projet de Convention qui a servi de base à des négociations officielles ; c'est avec l'appui de la Suisse qu'une conférence officielle se réunit à Berne en 1884, et c'est de cette conférence et des discussions remarquables qu'elle a provoquées qu'est sortie la Convention d'Union qui répond à l'aspiration de l'Association en créant, entre un certain nombre de pays, un minimum d'unification. Elle est perfectible, il est de son essence d'être revue et corrigée et c'est pour préparer cette revision que l'Association organise, chaque année, de nouveaux Congrès.

L'orateur signale deux points sur lesquels elle doit être améliorée : le *droit de traduction* et la *rétroactivité de la Convention*.

Le droit de traduction est un des points qui devaient soulever le plus de contestations ; la Convention d'Union a fixé à dix ans, à partir de la publication, le droit pour l'auteur d'empêcher les traductions de son œuvre ; c'est un pas en avant, mais qui est insuffisant, et ce que nous vous demandons, c'est de proclamer une fois de plus ce principe : que la traduction n'est qu'un mode de reproduction et est comprise nécessairement dans le droit exclusif de l'auteur sur son œuvre.

Il propose au Congrès de voter la formule suivante :

« La traduction n'est qu'un mode de reproduction ; le droit de re« production, qui constitue la propriété littéraire, comprend néces« sairement le droit exclusif de traduction. »

M. Debry, au nom de la Société des auteurs et compositeurs dramatiques, trouve la formule proposée insuffisante. Il pense que la Convention de Berne doit être revisée et indique différents principes que la Société qu'il représente voudrait voir adopter.

M. Pouillet fait remarquer que ces vœux pourront être examinés lors de la discussion des questions spéciales auxquelles elles se rapportent.

---

(1) Les différentes questions comprises dans le programme des travaux du Congrès ont fait l'objet de rapports distincts et spéciaux que l'on trouvera à la fin de ce Bulletin.

M. Grenet-Dancourt approuve, quant à l'idée, la formule proposée par M. Pouillet, mais il demande que la rédaction en soit modifiée et propose de remplacer les mots : « La *traduction n'est qu'un mode de reproduction* » par : « *Traduire, c'est reproduire.* » Cette rédaction paraît indiquer plus nettement les idées des membres du Congrès sur le droit de traduction.

M. Pouillet accepte la modification de rédaction proposée par M. Grenet-Dancourt.

M. le président donne lecture de la formule ainsi modifiée :

Traduire, c'est reproduire ; le droit de reproduction qui constitue la propriété littéraire comprend nécessairement le droit exclusif de traduction.

Mise aux voix, la proposition est adoptée.

M. Pouillet développe ensuite la partie de son rapport qui concerne la rétroactivité de la Convention de Berne.

Cette question doit fixer l'attention du Congrès.

L'article 14 de la Convention est ainsi conçu : « La Convention, « sous les réserves et conditions à déterminer d'un commun ac- « cord, s'applique à toutes les œuvres qui, au moment de son en- « trée en vigueur, ne sont pas tombées dans le domaine public « dans le pays d'origine. »

Rien de plus clair. Si au moment de l'entrée en vigueur de la Convention l'œuvre n'est pas tombée dans le domaine public, dans le pays d'origine, elle est également protégée dans les autres pays de l'Union, alors même qu'avant la mise en vigueur de la Convention l'œuvre ne serait pas protégée dans ces pays.

La Convention, en assurant et en restituant aux auteurs les droits qui leur avaient été méconnus, n'a pas entendu, pour cela, dépouiller l'éditeur de la faculté d'écouler les œuvres qu'il avait préparées avant la mise en vigueur de celle-ci. Mais que faut-il entendre par cette préparation ? Conserve-t-il le droit de faire paraître de nouvelles éditions ? Nous croyons que le droit de l'éditeur s'arrête à la faculté d'écouler les exemplaires produits, à la date de la promulgation de la Convention ; il conservera la propriété des clichés, du matériel de reproduction, mais sans pouvoir davantage en faire usage.

M. Debry croit que l'on devrait imposer aux éditeurs une redevance au profit de l'auteur sur les exemplaires publiés avant le régime de la Convention. Les éditeurs se sont emparés d'une œuvre qui ne leur appartenait pas ; qu'on ne considère pas les exemplaires vendus comme une contrefaçon, soit, mais qu'on prenne en considération la situation faite aux auteurs qui, pendant longtemps encore, ne pourront plus tirer profit de leurs œuvres.

M. Souchon insiste sur l'importance que présente la question de rétroactivité pour les auteurs et compositeurs de musique qui n'ont point encore profité des effets de la Convention dans nombre de pays où l'on ne fait rien dans ce sens, où l'on va même jusqu'à contester leurs droits. Il signale l'opposition rencontrée auprès d'éditeurs anglais, leur résistance pour se maintenir dans leurs positions; on veut nous opposer d'autres formalités que celles des pays d'origine, des mentions spéciales. On nous menace de procès, et on manifeste même l'intention de provoquer des lois de réaction.

M. POUILLET estime que la proposition de M. Debry qui est consacrée par la loi suisse, ne peut être annulée. Les choses ne peuvent être poussées jusque-là : l'éditeur a un droit acquis à la mise en vente de son édition ; il faut seulement empêcher la production de nouveaux exemplaires et ce résultat serait déjà pleinement satisfaisant.

Il était bon, comme l'a fait M. Souchon, de signaler la situation faite aux auteurs et compositeurs de musique; mais il ne faut pas trop s'inquiéter des menaces et des cris des éditeurs. La Convention est claire, l'Angleterre ne peut songer à la détruire par une loi intérieure et la justice saura la faire respecter.

Il propose au Congrès de voter la résolution suivante :

« *Il est nécessaire que chacun des gouvernements contrac-*
« *tants détermine, par une estampille ou par tout autre moyen,*
« *un délai pour lequel les faits antérieurs à la Convention ne*
« *pourront plus créer de droits aux tiers à l'encontre du droit*
« *exclusif qu'elle reconnaît aux auteurs.*
« *En l'absence de ces dispositions transitoires, la Convention*
« *doit être interprétée en ce sens que l'usage des clichés, bois,*
« *planches ou pierres établis antérieurement demeure interdit*
« *et que le droit des éditeurs qui les ont établis se borne à écouler*
« *les exemplaires imprimés avant la Convention.* »

M. DEBRY dépose un amendement qui consiste à ajouter à la fin de la formule proposée ces mots : « moyennant un droit à payer « aux auteurs ».

M. LERMINA fait remarquer qu'il faut se garder des exagérations ; celles-ci se retourneraient contre nous. M. Debry, par son amendement, imposerait une pénalité à celui qui a agi conformément aux règles que la loi consacrait à cette époque.

M. SOUCHON tient à signaler qu'il ne demande qu'une chose, qui est de voir appliquer l'article 14 de la Convention de Berne dans son intégrité.

M. LE PRÉSIDENT met d'abord aux voix la formule proposée dans le rapport, il soumettra ensuite au vote de l'assemblée l'amendement de M. Debry.

Mise aux voix, la proposition ci-dessus rapportée du rapport de M. Pouillet est adoptée.

L'amendement de M. Debry, mis ensuite aux voix, est rejeté.

M. SOUCHON fait remarquer que la formule votée n'exprime qu'imparfaitement qu'elle s'applique également aux œuvres musicales et dramatiques.

M. Pouillet dit qu'il sera tenu compte de l'observation de M. Souchon, avec lequel il est complètement d'accord, et que sur ce point il n'existe entre eux aucune divergence d'idées.

La séance est levée à quatre heures trois quarts.

Séance du mardi matin 7 octobre 1890.

La séance est ouverte, à dix heures vingt, dans la grande salle de la *Société des Arts,* sous la présidence de M. Louis Ratisbonne.

M. Louis Ratisbonne, s'adressant à M. Pouillet, le prie de vouloir bien présider la séance.

M. Pouillet prend place au fauteuil de la présidence.

M. Wauwermans, l'un des secrétaires, donne lecture du procès-verbal de la précédente séance.

Le procès-verbal est adopté, après une observation de M. Pouillet.

M. LE Président, au nom des membres du Congrès, remercie la Société des Arts de l'hospitalité qu'elle offre au Congrès.

M. LE Secrétaire de la Société des Arts souhaite la bienvenue aux membres qui sont venus assister aux séances et dit que c'est un honneur pour elle que de les recevoir.

M. A. Ocampo annonce qu'il vient d'apprendre la nouvelle de la mort de M. Felice Carrotti, avocat, un des plus anciens membres du comité exécutif de l'Association, en Italie.

M. LE Président exprime les regrets que l'Association éprouve en perdant un de ses membres les plus dévoués, et il est décidé qu'un télégramme de condoléances sera expédié à la veuve de M. Carrotti.

L'ordre du jour est repris sur la rétroactivité de la Convention de Berne.

M. Pouillet propose, pour répondre aux désirs exprimés par M. Souchon à la fin de la dernière séance, de faire suivre la résolution votée du paragraphe suivant :

« *Le droit d'édition ne comprend pas le droit de représentation* « *et d'exécution. En conséquence, la possession de partitions,* « *parties d'orchestre, de décors, antérieurement à la Convention* « *ne donne pas le droit de s'en servir postérieurement ; le droit* « *d'exécution ou de représentation demeure exclusivement* « *réservé à l'auteur et au compositeur.* »

Cette résolution, à laquelle se rallie M. Souchon, est votée par le Congrès.

La seconde question du programme : *Le Copyright aux États-Unis* est mise en discussion.

M. Jules Lermina développe les conclusions de son rapport; il signale que, loin d'être nuisible, la protection de la propriété littéraire et artistique internationale aux Etats-Unis y augmenterait la production des auteurs. Le bill qui a été repoussé va être remis en discussion, il convient d'être très modeste dans ses espérances et de seconder ceux qui, de l'autre côté de l'océan, prennent souci des droits des écrivains et de la dignité de leur pays. Il propose en conséquence le vœu suivant :

« Le Congrès de l'Association littéraire et artistique internatio-
« nale, en sa session tenue à Londres en octobre 1890,

. « Adresse ses plus sincères remerciements aux hommes de cœur
« qui, aux Etats-Unis, défendent la grande cause de la propriété
« littéraire et artistique internationale, et confiant dans la victoire
« définitive du bon sens et de la justice, leur envoie d'ardents
« encouragements en les invitant à continuer la lutte. »

M. de Kératry, regrettant que, dans les toasts qui ont eu lieu la veille à la suite du banquet offert par le lord-maire, on ait négligé d'envoyer un souvenir à l'*American Copyright League*, entreprend de montrer qu'on arrivera prochainement aux Etats-Unis à protéger la propriété littéraire et artistique internationale, et que peut-être les éditeurs britanniques doivent être considérés comme les véritables adversaires des mesures proposées au delà de l'Atlantique. En 1888, le premier bill proposé, l'amendement *Chace*, échoua par suite de manœuvres obstructives. En 1889, le règlement parlementaire ayant été modifié, le délégué français et l'*American Copyright League* peuvent, grâce à l'appui du comité des patentes et du comité judiciaire, faire déposer un nouveau bill au Sénat et à la Chambre des députés, le 6 décembre 1889. La discussion, par prudence, fut provoquée d'abord à la Chambre des représentants. Une grande enquête fut faite et le vote qui rejeta le bill se produisit au mois de mai dernier. Depuis cent ans, jamais la question n'avait été discutée devant la Chambre des représentants aux Etats-Unis, et, si le vote a été défavorable à la protection de la propriété littéraire, les partisans de cette propriété n'ont pas à se plaindre, outre mesure, de leur défaite. Ils ont eu 98 voix contre 123; mais il y a eu 103 abstentions. Or, les députés qui doivent s'absenter peuvent se « coupler » avec un nombre égal de députés dont les opinions sont opposées aux leurs, pour annuler réciproquement leurs votes. Il y a eu ainsi 86 voix couplées, dont la moitié, c'est-à-dire 43 députés, étaient favorables au projet de loi, et grossissent encore le chiffre des défenseurs de la propriété intellectuelle. En outre, le vote, de même que les discours, doit être enfermé dans un espace de temps déterminé à l'avance. Le *speaker* qui était favorable au bill, profita de ce que les votes n'avaient pas été recueillis en temps utile pour faire annuler le résultat, de façon que rien n'est acquis définitivement, et, quand reviendra le tour du comité des patentes, la discussion recommencera.

On s'est donc aussitôt remis en campagne. Le rapport de M. Lermina constate avec raison que le premier rapport, celui de M. Adams, n'a peut-être pas eu toute la force probante qu'on aurait désirée. Néanmoins, M. Adams, député de Chicago, ville particulièrement hostile au projet de loi, avait eu le grand courage, à la veille d'une réélection, de défendre hardiment une proposition combattue par ses électeurs. Mais le nouveau projet aura pour rapporteur un véritable *debater*, M. Simmons ; il est déposé depuis le 10 juin, et a déjà pour lui le président Harrison, le *speaker*, le président du Sénat, tous les corps de métiers, les magazines, les journaux, les auteurs et jusqu'aux étrangers, M. Gladstone notamment, qu'on accusait d'être hostile ; en outre, tous les éditeurs connus, sauf un éditeur allemand de Philadelphie, qui est venu à la commission, assisté de deux des principaux avocats de la ville qu'il habite, et dont la déposition a été cependant écartée.

Le rapport est déposé à la suite d'une enquête des plus complètes. La discussion aura lieu du 15 au 20 décembre prochain et, d'après un pointage sérieux, la liste passera.

L'Amérique aura une législation des plus remarquables et M. de Kératry donne, à ce sujet, lecture des principaux articles du projet. Il fait noter que la traduction sera interdite aussi longtemps que durera la propriété de l'original, pendant un délai de quarante-deux ans, ce qui est un grand progrès sur la Convention de Berne. La seule obligation imposée est, il est vrai, pour l'auteur de faire imprimer son ouvrage aux États-Unis, mais cette obligation pèse seulement sur le livre, non sur la musique.

D'ailleurs, un livre, tombé dans le domaine public, peut redevenir la propriété de l'auteur, si ce dernier en fait l'objet de revisions ou de modifications sérieuses. Enfin, la sanction de la loi sera fédérale uniforme dans les États-Unis, au lieu de varier suivant la loi de chaque État. La répression sera plus assurée, d'autant mieux que l'État s'associe aux poursuivants pour le partage des dommages et intérêts.

L'exposition des œuvres contrefaites est interdite ; la propriété des œuvres dramatiques ou musicales restées en manuscrit est sauvegardée.

En dernier lieu, le bill s'applique aux étrangers à condition qu'ils soient d'un pays accordant la réciprocité de traitement aux Américains. Cette disposition est dirigée contre l'Angleterre. Certes, on n'a pas encore ouvert toutes les portes, conquis tout le terrain désiré, mais l'esprit public a subi une évolution déjà complète, il agira sur les décisions du Congrès ; deux cent quatre-vingt-un journaux se sont prononcés en faveur du rapport de M. Simmons, deux seulement (de la ville de Chicago) ont fait défaut, alors que sept autres de la même ville suivaient le mouvement général; quant aux autres associations et aux magazines, ils ont été unanimes; l'approbation du Sénat, enfin, n'a jamais été douteuse.

M. de Kératry termine en demandant qu'on ajoute aux conclusions du rapport de M. Lermina des remerciements à l'*American Copyright League* pour ses efforts qui ont été couronnés par le succès.

M. Louis Ratisbonne propose également un vote de remerciements à M. de Kératry, à la puissante action de qui sera dû en partie le résultat qu'il annonce.

M. LE PRÉSIDENT déclare que les applaudissements de l'assemblée sont la ratification de cette proposition.

M. DE KÉRATRY ajoute que des pourparlers sont engagés avec le gouvernement impérial de Russie pour la conclusion d'une convention.

M. LE PRÉSIDENT fait remarquer qu'à la suite d'une démarche des fabricants de bronze auprès du ministre du commerce de France on est arrivé à cette constatation encourageante que, dès à présent, aux Etats-Unis, les artistes étaient mieux protégés qu'on ne pensait et que la loi des patentes de 1870 édictait ses mesures protectrices en faveur des œuvres de peinture et de statuaire, quand même les auteurs étaient de nationalité étrangère.

Conformément aux conclusions de M. Lermina et, à la demande de M. de Kératry, le Congrès adopte à l'unanimité le vœu suivant:

« *Le Congrès de l'Association littéraire et artistique interna-*
« *tionale, en sa session tenue à Londres en octobre 1890, adresse*
« *ses plus sincères remerciements à l'American Copyright League*
« *et aux hommes de cœur qui aux Etats-Unis défendent la*
« *grande cause de la propriété littéraire et artistique interna-*
« *tionale, et, confiant dans la victoire définitive du bon sens et*
« *de la justice, leur envoie d'ardents encouragements en les*
« *invitant à continuer la lutte.* »

La séance est levée à onze heures trois quarts sur la proposition de plusieurs membres, et la prochaine séance est fixée à trois heures de l'après-midi.

Séance du mardi 7 octobre 1890 après-midi.

La séance est ouverte à trois heures un quart, sous la présidence de M. ARMAND DUMARESCQ, dans la grande salle de la *Société des Arts*.

M VAUNOIS, secrétaire, donne lecture du procès-verbal de la précédente séance, qui est adopté après une observation de M. de Kératry.

Sur la proposition de M. SOUCHON, le Congrès, regrettant qu'une omission involontaire ait privé les membres présents au banquet du *Mansion House* de la présence de M. MOUL, envoie à ce vaillant et courageux défenseur des intérêts des auteurs français en Angleterre l'expression de son affectueuse sympathie et de sa profonde estime.

L'ordre du jour amène la discussion sur le rapport de M. GUS-

tave Roger, agent général de la Société des auteurs et compositeurs dramatiques, relatif :

1° A l'examen général de la Convention diplomatique de Berne ;
2° Aux droits des auteurs français aux États-Unis d'Amérique ;
3° Aux droits des auteurs français en Angleterre, et à l'adaptation d'un roman en pièce de théâtre ;

M. Debry donne lecture de ce rapport.

L'article premier de la résolution proposée était ainsi conçu :

« Le droit absolu pour les auteurs et compositeurs dramatiques
« d'interdire ou d'autoriser la représentation et la publication de
« leurs œuvres, soit dans la langur originale, soit traduites, leur
« est garanti réciproquement dans chaque État.

« Ce droit s'applique aussi bien aux œuvres dramatiques et
« lyriques représentées ou exécutées qui seraient manuscrites ou
« autographiées qu'à celles qui sont imprimées, et la protection
« des lois leur est assurée dans chaque pays comme aux œuvres
« nationales. »

Cette proposition donne lieu à un échange d'observations entre
MM. de Kératry, Davanne, Vaunois et Morel, qui ne trouvent
pas les termes de la proposition assez explicités devant les nouveaux procédés de reproduction.

Différentes rédactions sont proposées, et le Congrès adopte la
résolution suivante :

Article premier.

« *Le droit absolu pour les auteurs et compositeurs dramati-*
« *ques d'interdire ou d'autoriser la représentation et la publi-*
« *cation de leurs œuvres, soit dans la langue originale, soit*
« *traduites, leur est garanti réciproquement dans chaque État.*

« *Ce droit s'applique aussi bien aux œuvres dramatiques et*
« *lyriques représentées ou exécutées, qui seraient manuscrites*
« *ou autographiées, qu'à celles qui sont imprimées ou repro-*
« *duites par tout procédé quelconque connu ou à connaître, et*
« *la protection qui leur est assurée dans chaque pays ne pourra,*
« *en aucun cas, être inférieure à celle dont jouissent les œuvres*
« *nationales.* »

Le Congrès adopte ensuite, sans discussion, l'article 2, ainsi
conçu :

Art. 2.

« *Le droit de publication des œuvres dramatiques et musicales*
« *et leur droit de représentation sont absolument distincts l'un*
« *de l'autre, et la publication d'une œuvre n'autorise personne*
« *à la représenter sans l'aveu de son auteur, pas plus que la*
« *représentation n'autorise à la publier sans son consentement.* »

M. Morel rectifie une erreur contenue dans le rapport de
M. Roger lorsqu'il traite la question *des droits des auteurs français en Angleterre et de l'adaptation d'un roman en pièce de
théâtre.*

Le rapport proteste contre les formalités édictées par un arrêté du 28 novembre 1887. Cet arrêté, au contraire, dont la date est du 16 mars 1888, permet d'arrêter à la douane anglaise l'entrée des contrefaçons, lorsque l'auteur a rempli certaines formalités de déclarations. Cet arrêté organise une faculté et non une obligation pour les auteurs; il constitue une disposition de faveur.

Sur le bénéfice de cette rectification, le Congrès adopte l'article 3, ainsi conçu :

ART. 3.

« *Les auteurs et compositeurs dramatiques jouiront des droits* « *formulés ci-dessus et de la protection des lois sans être obligés* « *à aucune déclaration ou dépôt préalable, ni aucune formalité.* « *En cas de contestation, il leur suffira, pour établir leur pro-* « *priété, de produire un certificat de l'autorité publique compé-* « *tente du pays d'origine attestant que l'œuvre en question y* « *jouit de la protection légale acquise à toute œuvre originale.*

« *Sont comprises parmi les reproductions illicites les transfor-* « *mations d'un roman ou pièce de théâtre.* »

L'ordre du jour appelle la discussion du rapport de M. SOUCHON **sur la suppression de la deuxième partie du paragraphe final de l'article 9 de la Convention de Berne.**

L'article 9, paragraphe 3, de la Convention de Berne est ainsi conçu :

« Les stipulations de l'article 2 s'appliquent également à l'exé- « cution publique des œuvres musicales non publiées, ou de celles « qui ont été publiées, **mais dont l'auteur a expressément** « **déclaré sur le titre ou en tête de l'ouvrage qu'il en in-** « **terdit l'exécution publique.** »

M. SOUCHON développe et soutient les conclusions de son rapport; il établit qu'il importe de ne pas subordonner le bénéfice de la Convention et d'une protection internationale en faveur des compositeurs à la nécessité d'une mention quelconque sur le titre ou en tête de l'ouvrage.

La proposition suivante est adoptée, conformément aux conclusions du rapport :

« *Il n'y a pas lieu d'obliger le compositeur de musique à indi-* « *quer, par une mention quelconque sur ses œuvres, qu'il en in-* « *terdit l'exécution publique.*

« *En conséquence, il y a lieu d'exprimer le vœu que le para-* « *graphe final de l'article 9 de la Convention de Berne, qui est* « *en contradiction avec les dispositions du paragraphe 2 de l'ar-* « *ticle 2, soit supprimé.* »

L'ordre du jour appelle ensuite la discussion du rapport de M. HENRI LEVÊQUE sur **la reproduction des œuvres musicales par les procédés mécaniques.**

M. LEVÊQUE soutient les conclusions de son rapport, tendant à ce que l'application de la Convention soit strictement délimitée, quant à l'énumération des instruments de musique mécaniques autorisés par la Convention. Il propose au Congrès de reprendre le vœu présenté par M. Pouillet à la Conférence de Berne, et d'affirmer par un nouveau vote la nécessité de reviser dans ce sens le texte de la Convention :

« Il est à désirer que l'article 3 du protocole de clôture soit res-
« treint aux boîtes à musique et aux orgues de Barbarie et ne soit
« pas indistinctement étendu à tous les instruments servant à
« reproduire mécaniquement les airs de musique. »

M. H. ALLART, tout en admettant les conclusions du rapport, propose une modification à la formule de M. Levêque. Ce qu'il y a lieu d'atteindre et d'interdire, à propos des instruments mécaniques, ce n'est pas l'instrument en lui-même, mais l'organe qui lui donne la vie et le son, il propose la rédaction suivante :

« L'article 3 du protocole de clôture ne s'applique pas aux car-
« tons perforés ou autres organes analogues qui sont indépendants
« des appareils servant à reproduire mécaniquement les airs de
« musique. »

M. MOREL proteste contre la légende qui représenterait la Suisse comme ayant fait payer son hospitalité, lors de la Convention de Berne, par d'adoption de la disposition qui rend licite la fabrication des instruments de musique. La règle vient de la Convention franco-suisse de 1884, et n'a nullement été sollicitée par le Gouvernement fédéral.

Après une discussion à laquelle prennent part, MM. ARMAND DUMARESCQ, LERMINA, SOUCHON, LEVÊQUE et VAUNOIS, le Congrès vote la formule suivante, présentée par M. MOREL :

« *Il est à désirer que l'article 3 du protocole de clôture soit*
« *restreint aux boîtes à musique et aux orgues de Barbarie et*
« *ne soit pas indistinctement étendu à tous les organes et acces-*
« *soires interchangeables quelconques, tels que cartons perforés,*
« *etc., servant à reproduire mécaniquement les airs de musique.*»

La séance est levée à cinq heures trois quarts.

Séance du mercredi matin, 8 octobre 1890.

La séance est ouverte à dix heures un quart du matin, dans la *grande salle de la Société des Arts*, sous la présidence de M. LOUIS RATISBONNE.

M. VAUNOIS, secrétaire, donne lecture du procès-verbal de la dernière séance. Le procès verbal est adopté.

M. DE KERATRY croit devoir protester contre les comptes rendus de la séance d'hier matin publiés par la presse anglaise. Ils résument très inexactement, à son avis, les débats dans la question du *Copyright*. En conséquence, il demande que le bureau fasse insérer dans deux journaux, le *Times* et le *New-York Herald*, le procès verbal de la séance qu'il vient de signaler.

M. Lermina pense qu'il est difficile d'imposer à la presse anglaise, dont les rédacteurs assistent aux Congrès, l'insertion des procès-verbaux des séances.

M. Ebeling fait observer que les comptes rendus des journaux n'émanent pas du bureau.

M. de Kératry désire que sa proposition soit mise aux voix ; la chose lui paraît d'autant plus nécessaire que le Congrès a été représenté comme devant exercer une pression sur les États-Unis d'Amérique.

Après un échange d'observations à cet égard entre MM. Pouillet, Souchon, Ebeling, Ocampo et Wauwermans, le Congrès vote, sur la proposition de M. Pouillet, la résolution suivante :

« Les procès-verbaux des séances, et notamment celui de la « séance d'hier, seront communiqués à la presse anglaise, avec « prière de les insérer. »

La discussion s'ouvre sur le rapport de M. Chaumat : **De la propriété littéraire en matière de journaux et recueils périodiques.**

M. Chaumat développe son rapport, et cite l'article 7 de la Convention de Berne, qui est ainsi conçu :

« Les articles de journaux ou de recueils périodiques publiés « dans l'un des pays de l'Union peuvent être reproduits, en ori- « ginal ou en traduction, dans les autres pays de l'Union, à moins « que les auteurs ou éditeurs ne l'aient expressément interdit. « Pour les recueils, il peut suffire que l'interdiction soit faite d'une « manière générale en tête de chaque numéro du recueil.

« En aucun cas, cette interdiction ne peut s'appliquer aux arti- « cles de discussion politique ou à la reproduction des nouvelles « du jour et des *faits-divers*. »

Il fait ressortir la situation qui dérive de cet article de la Convention : droit absolu de reproduction des articles de discussion politique, des nouvelles du jour et des faits-divers ; obligation d'une mention spéciale d'interdiction pour les autres articles dont l'auteur entend se réserver le droit de reproduction.

L'honorable rapporteur estime que ces dispositions donnent lieu à des critiques.

La différence de régime que l'article 7 de la Convention établit entre le roman feuilleton et le roman ordinaire, au point de vue de la reproduction, est inadmissible ; toute mention de réserve et d'interdiction imposée aux auteurs est contraire aux principes sur le droit d'auteur.

M. CHAUMAT croit encore que les articles de renseignements, informations, faits-divers ou télégrammes, ne peuvent bénéficier des dispositions sur la propriété littéraire : il ne peut guère y avoir de grandes difficultés sur ces deux points; mais, où la controverse surgit, c'est au sujet des articles de journal proprement dits : on reconnaîtra volontiers que les régles générales du droit d'auteur s'appliquent aux articles de littérature, arts, sciences, théâtre, fantaisie ; la reproduction doit en être interdite à moins d'une autorisation spéciale de l'auteur ou de ses ayants droit.

La difficulté est plus grande, quand il s'agit d'articles politiques. Faut-il accepter en leur faveur ce régime d'exception? Et tout d'abord comment définir et reconnaître bien exactement les articles de pure politique? Parce qu'ils s'occupent d'une matière spéciale, vont-ils donc perdre le bénéfice de leur caractère littéraire ?

On objecte, il est vrai, que le désir de l'auteur est de voir répandre ses idées ; sans doute, mais ne convient-il pas de le laisser maître de cette vulgarisation ? Il peut y trouver certain intérêt dans l'ordre des intérêts matériels. Il peut avoir cet intérêt moral plus considérable, d'empêcher la reproduction de son œuvre dans certains journaux et dans de certaines conditions.

Cette interdiction profitera, sans doute, à nombre d'articles qui ne méritent guère qu'on s'en occupe, mais souvent il se rencontrera des œuvres magistrales de littérature politique sur lesquelles il serait inadmissible de refuser à l'auteur un droit de propriété absolu.

Il est bien entendu que nous n'entendons pas empêcher le droit de citation pour les besoins de la controverse et de la polémique, ce que nous voulons empêcher, c'est l'exploitation de l'article de journal, le régime d'exception.

Pour les motifs qui précèdent, nous proposons au Congrès de voter les résolutions suivantes :

« 1° Le droit de l'auteur sur les articles de journaux et de re-
« cueils périodiques, quel qu'en soit l'objet, est le même que pour
« les autres œuvres littéraires. Ces articles, ainsi que les romans-
« feuilletons, ne peuvent, en conséquence, être reproduits en ori-
« ginal ou en traduction sans l'autorisation de l'auteur ou de ses
« ayants droit, qui ne sont astreints, pour conserver leur droit, à
« aucune mention de réserve ou d'interdiction.

« 2° Les télégrammes, faits-divers, nouvelles officielles et autres
« renseignements publiés par les journaux ou recueils pério-
« diques ne relèvent pas, à moins qu'ils n'aient exceptionnelle-
« ment le caractère d'œuvres littéraires, des règles de la pro-
« priété littéraire et artistique. Leur reproduction peut, en con-
« séquence, avoir lieu dans les termes du droit commun des
« législations de chaque pays. »

La suite de la discussion est renvoyée à la prochaine séance.

M. GUEST, rédacteur du *Daily Chronicle*, revenant sur l'incident qui s'est produit au début de la séance, répond aux critiques qui ont été adressées à la presse anglaise et dit que la place qui est réservée dans les journaux ne peut toujours permettre l'insertion intégrale des comptes rendus, car elle est souvent mesurée; il ajoute que la communication des procès-verbaux sera accueillie volontiers, mais qu'elle ne peut offrir d'intérêt qu'à condition d'être immédiate.

La séance est levée à onze heures trois quarts.

--- --- --- ---

Séance du mercredi 8 octobre 1890. — Après-midi.

La séance est ouverte à deux heures et demie dans la grande salle de la Société des Arts, sous la présidence de M. Pouillet.

M. Wauwermans, secrétaire, donne lecture du procès-verbal de la séance de la matinée.

Le procès-verbal est adopté.

M. Louis Ratisbonne, rappelé à Paris par des circonstances imprévues, fait excuser son absence.

La discussion est reprise sur la question **de la propriété littéraire en matière de journaux et recueils périodiques.**

M. Maillard critique la distinction faite par M. Chaumat entre les faits-divers, les informations et les articles littéraires proprement dits. Dans la pratique, cette distinction peut donner lieu à de graves difficultés. On ne peut davantage songer à étendre l'interdiction de reproduire à tous les articles du journal, ce serait rendre le journalisme impossible, aller à l'encontre de ce qui est reçu dans les habitudes de la presse et de ce que le public réclame. Il faut un droit de citation particulier en matière de presse, et il dépose l'amendement suivant :

« Tout article d'actualité paru dans un journal ou recueil pé-
« riodique est protégé par la législation sur la propriété litté-
« raire,

« Néanmoins, il peut être reproduit dans un autre journal ou
« recueil sous forme de citation, par extrait avec le nom de l'au-
« teur et du journal qui l'a publié le premier.

« Les documents politiques ou autres, les lettres adressées à la
« direction d'un journal, les informations, télégrammes, rensei-
« gnements divers, peuvent être reproduits intégralement.

« Les exceptions prévues par les deux paragraphes précédents
« ne s'appliquent pas aux romans et autres ouvrages d'imagina-
« tion, aux études de quelque étendue, littéraires, artistiques ou
« scientifiques. »

M. Grand-Carteret signale l'intérêt que présentent certains recueils documentaires tels que la « Gazette anecdotique » de Jouaust. Ces recueils sont frappés à mort s'il est nécessaire de demander des autorisations, s'il faut payer des droits de reproduction. L'utilité que présentent ces recueils mérite qu'il soit fait exception en leur faveur.

Il présente un amendement qui consiste à ajouter à la fin du premier paragraphe de la résolution proposée par M. Chaumat les mots :

« A moins qu'il ne s'agisse de publications périodiques ou « de recueils documentaires condensant la matière des jour-« naux. »

M. SMITH n'admet pas la distinction que la résolution proposée par M. Chaumat paraît établir entre les articles proprement dits et les télégrammes. De nombreux articles transmis par voie télégraphique sont de véritables œuvres littéraires; on ne peut davantage prendre la longueur d'un article comme point d'appréciation de sa valeur littéraire.

L'orateur, examinant la question de la reproduction au point de vue du journalisme anglais, la considère comme étant une excellente réclame que tout journal doit souhaiter. Soyons pratiques, dit-il, laissons chaque auteur et chaque journal libres de déclarer ce qu'ils veulent.

Il dépose un amendement ainsi conçu :

« La reproduction des articles de journaux est libre toutes les « fois qu'il n'est pas fait mention de réserves. »

M. OPPERT ne veut pas que l'on pousse les choses à l'extrême. L'interdiction absolue de reproduire peut être en certains cas contraire aux intérêts de l'auteur, dans le cas par exemple où il a envoyé à un journal une réponse à une réfutation.

M. POUILLET pense que tout le monde est d'accord pour interdire toute reproduction autre que celle de journal à journal. Les seules questions qui restent à examiner consistent à savoir si ces dernières reproductions sont licites et quelles exceptions doivent être apportées à la règle qui sera adoptée. Répondant à M. Smith, il est bien entendu, dit-il, que par télégrammes nous n'entendons pas désigner les articles transmis par voie télégraphique, mais les informations, les nouvelles; pour ma part, je ne puis admettre le système de mention de réserve que l'honorable membre propose.

M. CHAUMAT répond dans le même sens que M. Pouillet à M. Smith. Il ne veut pas empêcher la citation que le journaliste souhaite, mais atteindre l'exploitation. Il regarde les distinctions proposées par M. Maillard comme difficiles et dangereuses; il combat également l'amendement de M. Grand-Carteret; les éditeurs de recueils qu'il signale obtiendront facilement des auteurs les autorisations qui leur seront nécessaires.

M. LE PRÉSIDENT met successivement aux voix les amendements de MM. Maillard, Grand-Carteret et Smith; ces amendements sont rejetés.

M. MAILLARD propose de supprimer le mot « télégrammes » qui

se trouve au commencement du paragraphe 2 de la proposition de M. Chaumat.

M. Chaumat se rallie à cette proposition.

M. le Président met aux voix la proposition de M. Chaumat, ainsi modifiée :

« *1° Le droit de l'auteur sur les articles de journaux et de*
« *recueils périodiques, quel qu'en soit l'objet, est le même que*
« *pour les autres œuvres littéraires. Ces articles, ainsi que les*
« *romans-feuilletons, ne peuvent, en conséquence, être repro-*
« *duits en original ou en traduction sans l'autorisation de l'au-*
« *teur ou de ses ayants droit, qui ne sont astreints, pour con-*
« *server leur droit, à aucune mention de réserve ou d'interdic-*
« *tion;*

« *2° Les faits-divers, nouvelles officielles et autres renseigne-*
« *ments publiés par les journaux ou recueils périodiques ne*
« *relèvent pas, à moins qu'ils n'aient exceptionnellement le ca-*
« *ractère d'œuvres littéraires, des règles de la propriété litté-*
« *raire et artistique. Leur reproduction peut, en conséquence,*
« *avoir lieu dans les termes du droit commun des législations*
« *de chaque pays.* »

La proposition est adoptée.

Le Congrès aborde ensuite la question : **Du droit de propriété artistique en matière de photographie.**

M. Vaunois développe les conclusions de son rapport : Tout le monde semble d'accord pour admettre que les photographies doivent être protégées ; mais cette protection doit-elle découler d'une loi spéciale, ou la loi sur la propriété artistique peut-elle lui être appliquée.

Différents systèmes sont en présence ; le premier, et c'est celui des tribunaux français, estime que la décision dépend des circonstances, on fait une distinction entre les œuvres, on recherche si les photographies ont ou n'ont pas un caractère artistique. Cette distinction, qui transforme le juge en critique d'art, est inadmissible. Un autre système considère les photographes comme des industriels très intelligents et les protège dans des limites restreintes. Nous pensons, pour notre part, que les photographies doivent, au point de vue légal, jouir exactement de la même protection que les autres œuvres artistiques. Elles ne sont point des reproductions purement mécaniques ; il y a un art et une création dans la disposition de l'appareil et du sujet et dans l'exécution ; certaines photographies portent un cachet de personnalité, une marque d'origine, et un sentiment artistique s'y manifeste visiblement. On objecte que la reproduction réside dans des moyens mécaniques et des procédés chimiques ; pareils procédés sont employés par les peintres et les dessinateurs sans qu'on refuse, pour cette raison, à leurs œuvres le caractère artistique. L'orateur ne voit pas quels inconvénients on pourrait trouver à ranger les photographes dans la famille des artistes, et à leur accorder la même protection. Il n'est venu l'idée à personne jusqu'ici de proportionner la protection à la valeur de l'œuvre.

Il propose en conséquence la résolution suivante :

« Il y a lieu d'accorder sans restriction aux œuvres photographiques le bénéfice des dispositions légales applicables aux œuvres artistiques. »

M. ARMAND DUMARESCQ estime également que les photographies doivent jouir d'une protection. Le législateur, le juge ne peuvent être obligés de prendre en considération, le plus ou moins de valeur artistique que comporte une photographie. Il se rallie à la proposition de M. Vaunois.

M. WAUWERMANS partage l'avis de M. Vaunois sur ce point: que les photographies doivent être protégées ; mais il croit que cette protection doit découler d'une loi spéciale, aussi favorable qu'on voudra, et non des principes généraux sur la propriété artistique. Certaines photographies peuvent être obtenues par une série d'opérations mécaniques, sans même aucune intervention de l'homme; va-t-on donc protéger ce genre de photographies comme des œuvres artistiques ?

On conteste aux tribunaux de pouvoir s'ériger en critiques d'art, mais ce serait ici leur mission de déclarer si l'œuvre est artistique ou non, sans avoir à se prononcer sur le degré d'art qu'elle renferme ; n'apprécient-ils pas si un article de journal est un fait-divers ou un article littéraire, si un dessin est industriel ou une œuvre d'art. Pour l'orateur, la photographie est une industrie d'art, ce que l'on considère comme une création n'est que de l'habilité du talent professionnel ; l'ouvrier qui taille un diamant de façon à atteindre un résultat que nul autre n'obtiendrait, l'ébéniste qui établit un meuble avec un goût et un soin judicieux devraient, à ce compte, jouir de la même protection artistique.

Le danger de la proposition de M. Vaunois consiste à protéger comme des œuvres d'art des œuvres qui souvent n'auront aucun caractère artistique ; cet excès est de nature à desservir la cause que nous défendons auprès de l'opinion publique, auprès de personnes encore rebelles à nos idées. Une loi spéciale permettra de concilier les intérêts des photographes avec les mesures exigées pour la sauvegarde de leurs droits : Constatation de dépôt, droit de priorité. M. Wauwermans conclut en déposant la résolution suivante :

« Il est à souhaiter qu'une loi spéciale consacre au profit des « photographes la propriété entière et absolue de leurs œuvres y « compris le droit exclusif de reproduction; il n'y a pas lieu cepen- « dant de leur étendre le bénéfice des dispositions légales applica- « bles aux œuvres artistiques.

« Il reste cependant bien entendu qu'exception est faite pour « tous les cas où un travail personnel de l'opérateur aura modifié « ou transformé l'œuvre photographique en lui apportant un élé- « ment artistique. »

M. DAVANNE estime que les photographes font véritablement œuvre d'art ; il y a conception d'un sujet; il y a des effets intelligents déployés pour le rendre conformément à la pensée ; la disposition des groupes, la mise au point, la pose, le développement, les retouches peuvent influer sur le résultat, modifier et dominer l'action mécanique.

La photographie doit être protégée, l'intérêt des éditeurs, des photographes, des artistes, le commande impérieusement. Cette protection est encore nécessaire, si l'on ne veut autoriser la contrefaçon des œuvres ayant la photographie pour base ; la photo-lithographie, la photogravure.

La photographie peut et doit être assimilée aux œuvres graphiques.

La suite de la discussion est renvoyée à la prochaine séance.

La séance est levée à cinq heures trois quarts.

Séance du vendredi matin 10 octobre.

La séance est ouverte à dix heures et demie dans la *grande salle de la Société des arts*, sous la présidence de M. Pouillet.

M. Wauwermans, secrétaire, donne lecture du procès-verbal de la dernière séance.

Le procès-verbal est adopté après une observation de MM. Pouillet et Davanne.

M. le Président donne lecture d'une lettre de M. le ministre de la justice du gouvernement français, par laquelle il regrette de ne pouvoir prendre part aux travaux du Congrès, et d'une lettre de M. Moul, remerciant le Congrès du vote émis à son sujet à l'une des précédentes séances, et d'une communication de M. Valprigan, proposant la fondation d'une Société pour faciliter aux travailleurs les recherches à faire dans les bibliothèques diverses de l'Europe et un moyen de diminuer les diffamations et duels à propos d'ouvrages littéraires.

Après une discussion à laquelle prennent part plusieurs membres, le Congrès décide que ces propositions seront prises en considération et discutées dans un prochain Congrès.

La discussion de la question relative au **droit de propriété artistique en matière de photographie** est reprise.

M. Grand-Carteret déclare que le rapporteur a confondu l'art et le talent. Les photographes ne peuvent être considérés comme artistes que lorsque la retouche intervient. Les photographes ont droit d'être protégés contre la concurrence déloyale pour la publication de leurs albums ; mais il faut que pour l'illustration des livres à bon marché les dessinateurs puissent se servir des photographies comme documents ; si l'on ne tire pas d'épreuves du cliché, si l'on s'en sert seulement pour les livres illustrés, il n'y a pas concurrence, c'est un fait licite, et il fait les deux propositions suivantes :

« 1º Le Congrès de l'Association littéraire et artistique interna-
« tionale se déclare incompétent sur la proposition de M. Vaunois
« et la renvoie à un Congrès de la propriété industrielle.

« 2º Il y a lieu de garantir les œuvres photographiques contre la
« concurrence déloyale et de lui accorder une protection de vingt
« ans. L'utilisation d'une épreuve photographique dans le but de
« préparer l'illustration d'un ouvrage est assimilable au droit de
« citation en matière littéraire et ne constitue pas une contrefaçon. »

M. Buloz proteste contre les arguments mis en avant par le précédent orateur ; il est indiscutable que les photographies peuvent
présenter un caractère de création artistique ; les tribunaux français l'ont proclamé, toutes les nouvelles législations des pays les
plus avancés l'ont reconnu, si quelques nations sont encore re-
tardataires, on ne peut nier qu'un grand mouvement d'opinion
favorable s'y produit depuis quelques années.

On a parlé de la profanation de l'art ; à cet égard l'orateur cite
une déclaration faite en 1879 par Baudry, Cabanel, Charles Blanc,
Hebert, Guillaume, Robert-Fleury, Lefebvre, Falguière, etc., etc.,
en faveur de la photographie. Il mentionne une nouvelle protesta-
tion signée de Bonnet, Bouguereau, Breton, Puvis de Chavannes,
Chaplin, Daguan, etc., etc., contre une loi proposée au printemps
sur la propriété artistique et dans laquelle on voulait exclure les
œuvres photographiques.

M. Buloz termine en demandant à l'assemblée d'appuyer avec
énergie la conclusion du rapport de M. Vaunois, en y ajoutant un
second paragraphe ainsi conçu, auquel se rallient MM. Davanne et
Vaunois :

« En attendant que le progrès des législations intérieures encore
« contraires à ce principe permette d'appliquer uniformément aux
« œuvres photographiques le paragraphe 3 de la Convention de
« Berne, il y a lieu de protester contre toute tentative de législa-
« tion nouvelle dans un sens rétrograde. »

M. Armand Dumaresq, se présentant au nom des artistes,
demande à propos de la question mise en discussion, que le Congrès se prononce sur le conflit qui peut se produire entre l'artiste
et l'acquéreur, en cas de vente du tableau. Le droit de reproduction
doit rester personnel à l'artiste, sauf dans le cas où il s'agit d'un
portrait.

MM. Regamey, Davanne, Grand-Carteret, Allart, Wauwermans et Pouillet prennent part à la discussion.

M. le marquis de Casa Laiglesia, délégué au Congrès par la
Société des auteurs et artistes espagnols, est invité par M. le Président à prendre place au bureau.

Le Congrès rejette successivement :
Les propositions de M. Grand-Carteret ;
Et celle présentée par M. Wauwermans.

Il vote la résolution de M. Vaunois :

« *Il y a lieu d'accorder sans restriction aux œuvres photogra-*
« *phiques le bénéfice des dispositions légales applicables aux*
« *œuvres artistiques.* »

Et l'amendement de M. Buloz accepté par M. Davanne et auquel
s'est rallié M. Vaunois :

« *En attendant que le progrès des législations intérieures*
« *encore contraires à ce principe permette d'appliquer unifor-*
« *mément aux œuvres photographiques le paragraphe 3 de la*
« *Convention de Berne, il y a lieu de protester contre toute*
« *tentative de législation nouvelle dans un sens rétrograde.* »

Conformément à la demande de M. Armand Dumaresq, le Congrès
décide que :

« *La cession de l'œuvre artistique n'entraine pas aliénation*
« *du droit de reproduction.* »

M. Debry fait excuser son absence à la séance.

M. Smith, au nom de M. le docteur Wakley, directeur du *The
Lancet*, invite les correspondants scientifiques qui font partie du
Congrès à visiter sous sa direction les établissements scientifiques
de Londres.

M. Fraser Rae, membre du comité d'honneur, s'excuse par
lettre de ne pouvoir, par suite d'une opération chirurgicale qu'il a
subie, assister aux séances du congrès.

M. Carl Batz développe son rapport sur le **contrat entre
auteurs et éditeurs.**

Conformément à la demande de plusieurs membres et à l'avis
de M. le rapporteur, le Congrès émet le vœu : « *Que les divers comi-*
« *tés de l'Association littéraire et artistique internationale*
« *réunissent dans les pays auxquels ils appartiennent les infor-*
« *mations et documents propres à établir un projet de loi sur le*
« *contrat d'édition, qui devra être mis à l'ordre du jour du pro-*
« *chain Congrès.* »

L'ordre du jour appelle le rapport de M. Henri Morel sur les
unions restreintes.

M. Morel fait observer que cette question se lie intimement à
celle **des conventions particulières internationales** que
M. Louis Cattreux devait traiter dans ce Congrès. Comme M. Cattreux n'a pu venir à Londres et que les deux rapports présentent
quelques divergences dans leurs conclusions, M. Morel propose
que l'ensemble de la question soit renvoyé au prochain Congrès.

La proposition est adoptée.

M. le Président, en annonçant la clôture des travaux du
Congrès, remercie de nouveau la Société des arts de l'hospitalité
qu'elle a accordée aux membres du Congrès.

La séance est levée à midi.

Séance du vendredi 10 octobre 1890, après-midi.

La séance est ouverte à trois heures et demie, dans la *salle égyptienne du Mansion House*, sous la présidence de M. POUILLET.
Le procès-verbal de la précédente séance est lu et approuvé.

M. LE PRÉSIDENT annonce que M. HENRI MOREL a déposé un rapport (1) sur la façon dont fonctionne *le bureau de l'union internationale à Berne pour la protection des œuvres littéraires et artistiques*.

Le Congrès proroge jusqu'au prochain Congrès les pouvoirs des membres des comités exécutifs de l'Association.

M. EBELING dit que le comité exécutif français a perdu un de ses membres les plus assidus et les plus dévoués à l'Association, M. Le Bailly.
Il propose de vouloir bien faire entrer dans le comité exécutif de France MM. MACKAR et ALPHONSE LEDUC.
Sa proposition est acceptée.

M. LE PRÉSIDENT dit qu'il a reçu de M. WILLIAM BRAND, délégué de la Société des écrivains allemands, qui s'excuse pour cause de maladie de ne pouvoir transmettre de vive voix aux membres de l'Association littéraire et artistique internationale, l'invitation qu'il est chargé de leur faire au nom de M. Robert Schweichel, représentant la *Berliner Presse et les principales Sociétés littéraires allemandes*, de tenir son Congrès à Berlin en 1891.

M. A. OCAMPO rappelle que c'est au Congrès qu'il appartient de désigner la ville où doit se tenir son prochain Congrès.
Le Congrès décide que l'Association tiendra son Congrès à Berlin en 1891.

Sur la proposition de M. LERMINA, le Congrès vote des remerciements à M. Robert Schweichel, qui lui seront transmis télégraphiquement.

M. GRAND-CARTERET lit ensuite une très intéressante conférence sur la caricature anglaise.

Le LORD-MAIRE et LADY-MAYORESS entrent dans la salle des séances. Ils vont occuper les places d'honneur qui leur sont réservées sur l'estrade.

M. POUILLET prononce le discours suivant:

Mylord, Mylady,

Les travaux du Congrès sont terminés et nous venons prendre congé de vous.
Vous recevrez le compte rendu de nos séances et vous pourrez juger de l'importance des vœux qui ont été émis. Deux questions nous tenaient particulièrement au cœur: celle de la traduction et celle qui a

---

(1) On trouvera le rapport à la fin du Bulletin.

trait aux réserves qu'on prétend imposer à l'auteur d'un article de journal. Dans la traduction, la question est de savoir si l'auteur d'une œuvre doit avoir seul le droit de permettre ou de défendre qu'on la traduise aussi longtemps que dure son droit sur l'original. Le Congrès de Londres, comme ceux qui l'avaient précédé, a résolument déclaré que traduire c'est reproduire, et que, par conséquent, traduire sans la permission de l'auteur, c'est contrefaire. La traduction, en effet, n'est pas une autre œuvre. C'est la même œuvre figurée dans un autre langage. Ce qui change, ce n'est pas l'œuvre, c'est seulement son expression. Comprend-on qu'un tableau puisse être gravé par le premier venu sans l'autorisation du peintre? Et la traduction n'est-elle pas à l'œuvre littéraire ce que la gravure est au tableau? Quant aux réserves qui, dans l'état actuel des législations, sont presque partout imposées à l'auteur d'un article de journal, quel qu'il soit, sous peine de voir la publicité de son œuvre lui échapper et tomber dans le domaine de tous, le Congrès a pensé également qu'elles étaient une atteinte aux droits sacrés de l'écrivain. Est-ce qu'un propriétaire est tenu d'inscrire sur sa maison qu'il est défendu d'y entrer sans sa permission, défendu d'y rien soustraire? Est-ce que le vol est autorisé, à défaut d'une défense expresse du propriétaire de toucher à sa propriété? N'est-on pas étonné que des idées si simples et si justes aient besoin d'être proclamées?

Vous voyez, Mylord, que nous avons fidèlement suivi le programme que vous nous aviez tracé vous-même quand, dans un langage éloquent, vous disiez, à la séance d'ouverture, que le droit de l'auteur est une propriété au même titre qu'un champ ou qu'un vignoble et qu'il n'est pas plus permis de toucher à son œuvre sans sa permission qu'il n'est permis au passant de cueillir les raisins d'une vigne qui ne lui appartient pas.

Je tiens à profiter de l'occasion qui m'est offerte de parler ici pour remercier publiquement la presse anglaise du concours empressé qu'elle nous a prêté. Elle a pris à cœur de faire des comptes rendus complets et exacts, et, grâce à elle, jamais nos paroles n'auront porté si loin. Archimède disait : « Qu'on me trouve un point d'appui et je trouverai un levier pour soulever le monde. » Nous avons aujourd'hui le point d'appui et le levier : le levier, c'est la presse ; le point d'appui, c'est l'opinion publique, et le monde est soulevé.

Un des journaux qui ont ainsi parlé de nos travaux s'étonnait que les auteurs et les artistes anglais aient peu paru à nos séances et aient semblé s'en désintéresser. Nous ne saurions leur en vouloir ; j'y vois mieux, pour ma part, une preuve de la confiance qu'ils ont en nous. Ils vivent dans des régions plus élevées que les nôtres ; ils se préoccupent peu de leurs intérêts matériels, non pas qu'ils soient tout à fait détachés des biens de la terre et qu'ils méprisent les richesses, mais ils nous laissent le soin de constituer ou de défendre leur fortune. Nous sommes leurs ouvriers obscurs et dévoués, et nous sentons tout honorés de la tâche qu'ils nous confient. Nous mettons notre point d'honneur à la bien remplir. Pour eux, loin de nos discussions arides, qu'ils fassent des chefs-d'œuvre, et nous serons largement payés de nos peines. Nous serons leurs débiteurs. Je sais bien que l'un de vos plus illustres historiens, Macaulay, a écrit que même la perpétuité du droit n'aurait pas empêché la petite-fille de Milton de mendier, parce que la perpétuité du droit n'aurait pas empêché Milton de vendre son droit à vil prix au libraire Thompson ; mais Macaulay s'est trompé ; si, au temps de Milton, la loi eût protégé la propriété littéraire, il aurait demandé de son œuvre un meilleur prix et eût laissé quelque fortune à ses enfants. La preuve en est que les auteurs, à mesure que leur droit a été mieux assuré par la loi, ont vu s'augmenter la rémunération de leurs efforts et il n'est pas rare de nos jours de voir la fortune sourire au génie.

Encouragés par les résultats que nous avons obtenus, encouragés aussi par votre bienveillant accueil, nous persévérerons dans nos efforts et nous marcherons, sans défaillance, vers notre but que vous définissiez si bien l'autre jour: la fraternité des peuples dans la fraternité des lettres et des arts. En souvenir de notre venue à Londres, en souvenir du patronage que vous nous avez accordé, nous espérons que vous voudrez bien accepter le titre de membre honoraire de l'Association littéraire et artistique internationale; vous voudrez bien accepter aussi, Mylord, l'album que je suis chargé de vous remettre au nom de tous mes confrères, et sur lequel vous trouverez, sous forme de dessins, de pensées ou de poésies, un souvenir de chacun de nous.

A vous, Mylady, nous offrons des fleurs; ce n'est qu'un faible témoignage de notre reconnaissance pour la grâce et l'affabilité avec lesquelles vous nous avez accueillis. Ces fleurs passeront, mais, longtemps après qu'elles se seront fanées, nous parlerons encore de notre voyage à Londres et de l'hospitalité magnifique que nous avons reçue au Mansion-House, cela nous ne l'oublierons jamais.

Mylord, Mylady, encore une fois merci.

Le LORD-MAIRE, s'exprimant en anglais et répondant tant en son nom qu'en celui de Lady-Mayoress, dit que l'honneur qu'on lui a fait en le nommant membre de l'Association est un de ceux auxquels il attachera toujours une très haute valeur. Il n'y a pas pour lui de distinction plus élevée que de se trouver associé à des hommes dont les noms sont connus, non seulement dans leur pays mais dans le monde des lettres, qui comprend tout le monde civilisé. A la fin de ce Congrès, il répétera ce qu'il a dit au commencement, que voler la pensée d'un autre homme est commettre le même larcin que de lui prendre sa bourse. Il est l'interprète de Lady-Mayoress en adressant ses remerciements aux membres du Congrès, et il est heureux d'y joindre les siens pour les remercier de leur offre gracieuse.

Ils laisseront derrière eux non seulement les fleurs de l'art, les fleurs de l'éloquence, mais encore les fleurs de la nature. Les fleurs de la nature, comme celles de l'éloquence et de l'art, ne peuvent exister qu'à force de travail. Il peut assurer aux membres du Congrès que Lady-Mayoress n'oubliera jamais l'hommage qu'ils lui ont fait.

M. CHAUMAT prend ensuite la parole en ces termes:

Mylord,

Je me fais, moi aussi, un très grand plaisir, aussi bien qu'un devoir de vous remercier du haut patronage dont vous avez bien voulu honorer ce Congrès et de l'accueil si cordial que vous avez fait à tous ceux qui sont venus y prendre part.

Je vous en remercie, Mylord, au nom du ministre que j'ai l'honneur de représenter, non seulement parce qu'il s'intéresse au succès des travaux du Congrès qui vient de s'achever, mais surtout parce que l'hommage que vous avez rendu à l'Association, par votre patronage et votre bienveillant accueil, a, dans mon sentiment, une signification et une portée plus hautes.

Si, en effet, l'Association a un caractère essentiellement international, je dois me souvenir et vous avez bien voulu le rappeler aussi en acceptant le patronage du Congrès qu'elle est cependant une œuvre française, née en France, où elle a trouvé ses premiers soutiens et où elle conserva son principal centre d'activité. C'est donc aussi à la France que s'adresse l'hommage que vous venez de rendre à l'Association, à la France, amie de l'Angleterre, éprise comme elle et par-dessus toutes choses de justice et de liberté.

C'est cet hommage, Mylord, qu'il m'est particulièrement agréable de retenir au nom d'un ministre de mon pays, et je vous adresse mes bien vifs et bien sincères remerciements.

Mylady, permettez-moi de vous exprimer aussi toute ma gratitude pour le charme et la bonne grâce avec lesquels vous avez bien voulu donner plus de prix encore à la magnifique hospitalité du Lord-Maire de la Cité de Londres.

M. Jules Lermina propose un vote de remerciements à M. W.-J. Soulsby, pour son précieux concours et sa courtoisie envers les membres du Congrès ; aux secrétaires MM. Ebeling, Vaunois, Ocampo, Levêque et Wauwermans, et à M. Friedlander qui, en dehors des travaux du Congrès, nous a été par ses soins et ses démarches d'une utilité dont on ne saurait trop lui savoir gré.

M. John Leighton, comme représentant les membres anglais, demande en quelques mots que l'Association aille combattre en pays ennemi, en tenant un de ses Congrès en Amérique.

M. le Président adresse des remerciements à M. Jules Lermina pour les soins qu'il a pris, pour l'organisation du Congrès dont il prononce la clôture.

La séance est levée à cinq heures et demie.

Le Secrétaire général,
Charles Ebeling.

COMITÉ EXÉCUTIF

(EXTRAITS DES PROCÈS-VERBAUX)

Séance du 28 octobre 1890.

Présidence de M. W. BOUGUEREAU, membre de l'institut, président perpétuel

Il est procédé aux élections du bureau pour la session 1890-1891. Sont nommés :

Présidents : MM. Eugène Pouillet, avocat à la Cour d'appel (France) ; Frédéric Bætzmann, publiciste (Norvège) ; Adolfo Calzado, député aux Cortès (Espagne) ; Robert Schweichel, président de la *Berliner Presse* (Allemagne).

Vice-présidents : MM. Jules Oppert, président de l'Académie des Inscriptions et Belles-Lettres (France) ; Armand Dumaresco, peintre (France) ; Max Nordau, publiciste (Autriche-Hongrie) ;

Henri Morel, secrétaire général du Bureau international (Suisse); Louis Cattreux, publiciste (Belgique).

Secrétaire général : M. Charles Ebeling.

Secrétaires : MM. A. Ocampo, A. Vaunois, P. Vauwermans, Henri Lobel, Raoul Chélard.

Trésorier : M. Joseph Kugelmann.

Le Comité décerne le titre de président perpétuel à M. Ladislas Mickiewicz, président de session sortant.

Il est donné avis :

D'un don de mille francs fait à la caisse de l'Association par M. Carl-W. Batz, membre du comité exécutif, à Mayence (Allemagne).

D'une lettre de M. Robert Schweichel, fixant au 12 septembre la date d'ouverture du Congrès de l'Association, à Berlin, en 1891.

Il est nommé une commission pour la revision du règlement de l'Association.

Elle se compose de MM. Frédéric Bætzmann, Ladislas Mickiewicz et Victor Souchon.

Membre reçu : M. Henry Bouché, avocat, présenté par MM. Pouillet et Chaumat.

Séance du 24 novembre 1890.

Présidence de M. POUILLET

La commission de comptabilité, composée de MM. Beaume, Mermilliod et Georges Becker, fait son rapport sur les comptes à ce jour. Ce rapport est approuvé à l'unanimité.

Communications relatives à la Convention franco-suisse de 1882 et à sa dénonciation possible par le gouvernement helvétique.

Il est décidé qu'une délégation de l'Association se rendra auprès de M. le ministre des affaires étrangères pour l'entretenir de cette question.

Membres reçus : M. René Lafon, avocat, présenté par MM. Pouillet et Vaunois; M. Alfred Prost, publiciste, présenté par MM. W. Bouguereau et Jules Lermina.

Séance du 23 décembre 1890.

Présidence de M. F. BÆTZMANN

Des remerciements sont adressés à M. Max Nordau, pour l'article qu'il a consacré au Congrès de Londres et à l'Association dans le *Magazin für Litteratur* de Berlin.

M. Pouillet rend compte de la démarche faite auprès de M.le ministre des affaires étrangères de France et de l'intérêt que le ministre a témoigné aux délégués (*Voir plus loin la réponse officielle*).

Le Comité, examinant à nouveau le projet de loi sur la propriété littéraire, présenté par M. Philipon, émet le vœu que son auteur se refuse à l'admission d'aucun amendement et retire la loi plutôt que d'en accepter.

M. V. Souchon fait une communication au sujet du Code pénal brésilien, au sujet duquel de plus complets renseignements devront être demandés à qui de droit.

Une médaille est décernée à M. Carl-W. Batz, en témoignage de gratitude et de sympathie.

Communication relative au vote par la Chambre des Etats-Unis d'Amérique de la loi nouvelle relative au *Copyright*. Cette loi est aujourd'hui portée devant le Sénat.

Membre reçu : M. Ch. Casalonga, directeur de la *Chronique universelle*, présenté par MM. Louis Figuier et Dr Monin.

Séance du 27 janvier 1891.

Présidence de M. MAX NORDAU

Communication par M. Eugène Pouillet de la lettre de M. Ribot, ministre des affaires étrangères, relative à la Convention franco-suisse, et d'une lettre de M. Louis Cattreux, sur le même sujet.

Le Comité nomme une commission chargée de rédiger la note qui sera remise au ministre. Elle se compose de MM. Pouillet, Lermina, Souchon, Darras et Vaunois.

Il est décidé qu'à l'avenir il sera rédigé chaque mois un bulletin sommaire qui sera adressé à tous les membres de l'Association. Sont chargés de sa rédaction : MM. Lermina, Souchon, Darras, Bulloz et Vaunois. Les membres de l'Association sont priés d'adresser toutes communications utiles à la commission, avant le 10 de chaque mois.

Le premier numéro de ce bulletin paraîtra en février.

La question du contrat d'édition est mise à l'ordre du jour de la prochaine séance.

Il est donné communication de la Convention austro-italienne, du projet de loi autrichien et du projet de loi anglais.

L'Association des Ecrivains allemands tiendra son assemblée générale à Berlin, le 12 septembre 1891, date qui concordera avec celle de l'ouverture du Congrès de l'Association.

Pour extrait conforme :

Le secrétaire,

A. Ocampo.

Voici le texte de la lettre adressée au président de l'Association par M. le ministre des affaires étrangères:

MINISTÈRE
des
AFFAIRES ETRANGÈRES

*Direction des affaires
commerciales et consulaires*

RÉPUBLIQUE FRANÇAISE
—

Paris, 24 janvier 1891.

MONSIEUR LE PRÉSIDENT,

Dans le courant du mois de décembre de l'année dernière, une délégation, dont vous faisiez partie, et qui se composait de représentants de l'Association littéraire et artistique internationale et de la Société des auteurs, compositeurs et éditeurs de musique, est venue m'entretenir de différentes questions concernant la protection des droits d'auteurs. Vous avez appelé, notamment, mon attention sur le mouvement dont quelques Associations suisses, à la suite d'un arrêt rendu par la Cour de Genève, le 14 juillet 1890, avaient pris l'initiative en vue de la dénonciation de la Convention littéraire signée entre la France et la Confédération helvétique, le 23 février 1882.

J'ai l'honneur de vous informer que, ainsi que vous le prévoyiez depuis quelque temps déjà, M. le ministre de Suisse à Paris vient de me notifier, au nom de son Gouvernement, l'intention du Conseil Fédéral de faire cesser, à partir du 1er février 1892, les effets de la Convention dont il s'agit conformément à l'article 34 de cet acte international. Le Gouvernement suisse rappelle d'ailleurs que l'Union internationale intervenue à Berne, le 9 septembre 1886, et dont font partie la France et la Suisse, a réglé à nouveau la plupart des points qui étaient l'objet de la Convention du 23 février 1882 et il estime que dans ces conditions le maintien de ce dernier acte ne présenterait plus aucun intérêt, sauf en ce qui concerne la clause de l'article 20 au sujet de laquelle des réclamations se sont produites en Suisse. Relativement à ce point spécial, il résulte, d'autre part, de la communication de M. Lardy que le Conseil Fédéral ne se refusera pas à en faire l'objet d'un arrangement particulier et accueillera volontiers les propositions que nous jugerions utile de lui faire en vue de donner satisfaction aux intérêts en cause.

J'ai cru devoir, Monsieur le Président, vous donner immédiatement connaissance de ces dispositions et je vous serai obligé de vouloir bien me communiquer, le plus tôt qu'il vous sera possible, le *desiderata* de la Société que vous présidez, afin de me mettre en mesure d'ouvrir, à bref délai, avec le Gouvernement suisse, les négociations du nouvel arrangement à conclure entre les deux pays sur les points incomplètement réglés par la Convention internationale de Berne de 1886.

Recevez, Monsieur le Président. l'assurance de ma considération la plus distinguée.

A. RIBOT.

1622 — Paris, Imp. J. Kugelmann, 12, rue de la Grange-Batelière.

ASSOCIATION LITTÉRAIRE ET ARTISTIQUE

INTERNATIONALE

(12e session)

Siège social : 17, rue du Faubourg-Montmartre, PARIS

CONGRÈS DE LONDRES

4-11 Octobre 1890

LE BUREAU DE L'UNION INTERNATIONALE POUR LA PROTECTION DES ŒUVRES LITTÉRAIRES ET ARTISTIQUES

COMMUNICATION DE M. HENRI MOREL

Secrétaire général.

L'article 16 de la Convention de Berne, du 9 septembre 1886, a institué un organe administratif central, sous la dénomination de *Bureau de l'Union internationale pour la protection des œuvres littéraires et artistiques.*

Les attributions de ce bureau, déterminées par le Protocole de clôture de la Convention, peuvent être résumées comme suit :

Centralisation, coordination et publication de renseignements de toute nature relatifs à la protection des droits des auteurs.

Etudes d'utilité commune intéressant l'Union, et rédaction, à l'aide des documents reçus des administrations unionistes, d'une feuille périodique en langue française. (Une édition, dans une ou plusieurs autres langues, peut être autorisée par les gouvernements des pays de l'Union.)

Préparation, avec l'administration du pays où doit siéger l'une

0

des conférences prévues par l'article 17 de la Convention, des travaux de cette conférence (1).

Le Bureau doit, en outre, se tenir en tout temps à la disposition des membres de l'Union, pour leur fournir, sur les questions relatives à la protection des œuvres littéraires et artistiques, les renseignements spéciaux dont ils pourraient avoir besoin (2).

Cet office a été placé sous la haute autorité de l'administration supérieure de la Confédération suisse et fonctionne sous sa surveillance. Il a été ouvert le 1er janvier 1888, à Berne. Le Conseil fédéral suisse, dans un but d'économie et de simplification, a réuni sous une même direction ce bureau et celui de l'Union de la propriété industrielle ouvert le 1er janvier 1885, puis il a ajourné la nomination d'un directeur en plaçant à la tête de ces offices un secrétaire général et en chargeant M. Numa Droz, chef du département des affaires étrangères, d'exercer la haute surveillance sur leur administration (3).

Le personnel des deux bureaux se compose de quatre fonctionnaires : un secrétaire général, un secrétaire, un secrétaire-traducteur et un registrateur expéditionnaire.

Organisation

L'organisation de l'organe central de l'Union littéraire et artistique a été, comme cela avait été le cas pour l'Union de la propriété industrielle, empruntée aux Unions préexistantes des postes et télégraphes. Mais dès nos premiers pas nous nous sommes rendu compte des différences existant entre ces deux Unions et la nôtre.

Notre champ d'activité n'étant pas semblable, nos contacts administratifs ne sont pas les mêmes et nous avons immédiatement eu le sentiment que nous devions chercher d'autres contacts, si nous voulions être utiles comme nous le désirons et comme nous en avons le devoir.

Qu'il nous soit permis de rappeler comment nous avons exprimé notre idée à ce sujet dans le programme de notre Bureau, publié dans le *Droit d'auteur* du 15 avril 1888 :

(1) « La prochaine conférence aura lieu à Paris, dans le délai de quatre à six ans (1892-1894), à partir de l'entrée en vigueur de la Convention.

« Le gouvernement français en fixera la date dans ces limites, après avoir pris l'avis du Bureau international. » (Protocole de clôture, chiffre 6.)

(2) Le Protocole de la conférence de Berne de 1884 contient à la page 65 la mention suivante : « Dans le cours de la discussion, il est entendu qu'au quatrième paragraphe du numéro 5 (du Protocole de clôture) l'expression *membres de l'Union* désigne les *gouvernements des pays contractants* et non les ressortissants de ces pays. »

(3) L'Union de la propriété industrielle a été créée par la Convention signée à Paris le 20 mars 1883.

« C'est d'abord sur le concours des offices spéciaux de chaque État de l'Union que nous devons compter. Ce concours nous est promis par la Convention, il nous est donc acquis.

« De notre côté, nous serons en tout temps, comme cela nous est demandé, à la disposition des membres de l'Union pour leur fournir les renseignements spéciaux dont ils pourraient avoir besoin.

« L'accomplissement régulier de ces devoirs réciproques, par le bureau international et par les administrations particulières des pays, est indispensable pour que la marche des uns et des autres s'effectue sûrement, sans hésitation.

« Mais d'autres concours nous seront encore nécessaires, et c'est ici le moment de faire ressortir une différence essentielle qui se présente entre l'Union littéraire et artistique et d'autres qui l'ont précédée.

« Si nous prenons, par exemple, les Unions des postes et des télégraphes, nous constatons que ces puissants groupements, intéressant des services publics de premier ordre, forment le centre de réseaux administratifs qui étendent leurs mailles sur le monde entier. Dans les postes, il n'est plus un hameau qui n'ait un représentant de cette vaste administration, représentant que l'expérience instruit et qui peut, en conséquence, devenir un pionnier appelé à aplanir la route. Les télégraphes comportent une organisation analogue. Ces Unions sont donc, par leur nature, essentiellement administratives et, sauf les questions techniques qu'elles comportent, c'est par la voie administrative qu'elles dotent le monde de progrès nouveaux.

« Quant à l'Union littéraire et artistique, ses cadres administratifs sont restreints. A côté d'un état-major de légistes et de juristes, sa grande armée se compose des auteurs, des artistes, des éditeurs, libraires, etc.; soldats — nous ne disons pas *simples* soldats — qu'aucun lien officiel ne rattache aux centres que constituent les États.

« Mais, si un tel lien n'existe pas, il en est d'autres qui unissent cette armée à l'Union. D'abord — nous l'avons déjà fait ressortir précédemment — c'est elle qui a fait l'Union, c'est pour elle que celle-ci vit ; *pour elle*, non dans un sens étroit, puisque c'est au bénéfice de la culture générale que cette création a surgi, mais *pour elle* au point de vue immédiat. Cette troupe d'élite a donc le plus grand intérêt, non seulement à ce que son œuvre ne périclite pas, mais encore à ce qu'elle se développe constamment.

« La situation ainsi établie, nous arrivons immédiatement à la conclusion que nous voulons en tirer. Cette conclusion, c'est un appel que nous adressons à tous ceux que les questions de propriété littéraire et artistique intéressent, pour les convier à nous prêter leur appui.

« Notre rôle d'organe officiel des États contractants nous commande une réserve que nous saurons toujours comprendre. Nous devons rester au-dessus des divergences de vues ou de législation qui se produisent, mais cette neutralité ne peut nous empêcher d'admettre les points de contact qui peuvent, et, à notre avis, qui doivent exister entre les intéressés et nous. Neutralité ne signifie pas inaction et isolement, mais seulement maintien de la balance égale pour tous.

« Dans ces limites, nous pouvons donc et nous désirons même voir s'établir un lien entre nous et les groupements des divers pays, à même de recueillir l'expression des opinions, des besoins et du mouvement de la littérature et de l'art. »

C'est en nous inspirant des idées qui précèdent que nous avons cherché à nous mettre en rapport, dans tous les pays de l'Union, avec les hommes et les associations qui poursuivent le même but que nous.

Disons tout de suite que c'est là ce qui a constitué la belle partie de notre tâche en raison des excellentes relations et des précieuses amitiés que nous y avons gagnées.

Cet exposé terminé, nous passerons rapidement et sommairement en revue les diverses branches de notre activité.

1° Journal le *Droit d'auteur*

Tel est le titre de la publication périodique qui forme l'organe officiel de notre bureau et paraît le 15 de chaque mois depuis le 1ᵉʳ janvier 1888 (1).

Des études sur les questions intéressant l'Union et son développement, la publication méthodique des lois, règlements, dispositions administratives, traités internationaux, etc., régissant la propriété littéraire et artistique dans les pays de l'Union, l'enregistrement des décisions des tribunaux se rattachant au droit international ou soulevant des questions de principes importantes, la mention des actes officiels ou privés qui se produisent sur nos matières dans les pays non unionistes, des données statistiques, des renseignements sur l'activité des associations et des congrès internationaux, etc., etc., tels sont les éléments qui trouvent place dans notre journal.

Nous rappelons que de savants spécialistes ont bien voulu nous prêter leur concours au moyen de correspondances portant généralement sur l'ensemble des matières susénumérées, heureux que nous sommes de trouver cette bonne occasion pour remercier nos honorables correspondants, MM. Batz pour l'Allemagne, Cattreux et de Borchgrave pour la Belgique, Pouillet et Darras pour la France, Rosmini pour l'Italie, d'Orelli pour la Suisse et, en dehors de l'Union, M. Thorwald Sollberg pour les Etats-Unis.

Nous regrettons de n'avoir pas de noms à citer pour l'Angleterre et l'Espagne. Nous avons fait des démarches à ce sujet, mais elles n'ont pas encore abouti.

_____

(1) Abonnement annuel : Union postale 5 fr. 60, autres pays, 6 fr. 80, chez *Jent et Reinert*, imprimeurs à Berne, et aux bureaux de poste.

La *Propriété industrielle*, organe du Bureau international de l'Union industrielle, paraît le 1ᵉʳ de chaque mois aux mêmes conditions.

2ᵃ Etudes générales et spéciales

Les études d'une portée générale ont trouvé en partie place dans le *Droit d'auteur*. Nous n'y reviendrons pas. D'autres ont pour but tout ce qui peut se rapporter à l'organisation et aux travaux des conférences officielles périodiques prévues par la Convention (1).

Nous avons eu, conformément aux prescriptions de la Convention qui nous mettent à la disposition des gouvernements unionistes, à faire des études comparatives entre la Convention de Berne et des traités particuliers.

Nous avons eu aussi à examiner, par exemple, pour le gouvernement d'un pays non unioniste, si telles modifications qu'il se proposait de provoquer dans la législation de ce pays ne heurtaient pas de dispositions de la Convention de Berne, et ne présentaient ainsi aucun obstacle à une accession future à l'Union.

3ᵒ Relations avec des particuliers

Ces relations naissent essentiellement de demandes de renseignements touchant l'interprétation de la Convention, des traités particuliers, des lois intérieures; elles émanent en général d'éditeurs, de libraires, d'auteurs d'ouvrages de droit sur la matière, aussi d'écrivains, de compositeurs et de Sociétés de musique, orchestres, théâtres, etc. Quelques-unes d'entre elles provoquent des études d'une certaine importance et sont à ce titre très intéressantes. Tel a été le cas spécialement pour la question des œuvres publiées avant la création de l'Union, pour les photographies, soumises à des régimes si différents dans les divers Etats, pour le droit d'exécution publique des œuvres musicales, le droit de traduction, etc., etc.

La Conférence de 1889, organisée à Berne par l'Association litté-

---

(1) A titre d'indication concernant la nature et l'importance de ces travaux, nous pouvons citer ceux occasionnés au Bureau de la Propriété industrielle, par les conférences de cette Union, réunies, la première à Rome en 1885, et la seconde à Madrid cette année. Ils comportaient la préparation, avec motifs à l'appui, des projets élaborés d'accord avec l'administration du pays où a lieu la conférence, leur envoi aux gouvernements contractants, ainsi que la transmission des propositions et contre-propositions desdits gouvernements, puis le classement méthodique de tous ces éléments qui formaient la base des discussions. C'est ainsi que de ces conférences sont sortis quatre projets, dont deux d'Unions restreintes (répression des indications de fausse provenance sur les marchandises ; établissement d'un Enregistrement international des marques de fabrique), signés à Madrid en avril dernier. Le secrétariat de cette dernière conférence avait été confié au Bureau international, en sorte que nous avons dû y assister au nombre de trois.

raire et artistique internationale, a, sur une proposition de M. Pouillet, adopté, entre autres, la résolution suivante :

« Il est à désirer que le Bureau international puisse être chargé de procurer aux parties intéressées le certificat dont il est parlé dans le troisième paragraphe de l'article 11, »

Ce certificat est celui que les tribunaux, lors d'une poursuite en contrefaçon, peuvent réclamer de l'auteur, afin qu'il justifie que les formalités requises par la loi du pays d'origine de l'œuvre ont été remplies. Il est certain que l'intervention proposée présenterait une grande simplification, le Bureau international étant en relations directes avec les offices de la propriété littéraire et artistique des pays de l'Union.

Une telle mesure ne pourrait naturellement être mise en vigueur que par une décision des gouvernements contractants.

Il n'y a pas lieu de s'en exagérer la portée, puisqu'elle ne déploierait ses effets que dans des cas exceptionnels, mais, outre son utilité, elle marquerait une étape dans la voie de l'unification (1).

4° Relations avec les Associations

Elles n'ont pas encore l'extension qui nous paraît désirable, mais elles se développent et se compléteront sous l'influence de circonstances favorables.

Nous tenons, autant que cela est possible, à ce que notre bureau soit représenté dans les Congrès ou Conférences qui poursuivent un but intellectuel en s'occupant de la propriété littéraire dans ses principes et dans le développement du droit international.

Nous avons cherché être utiles à ces réunions par diverses études. C'est ainsi qu'en vue du Congrès de Londres nous avons publié dans le *Droit d'auteur* de juin dernier un tableau complet, dressé méthodiquement et sous une forme synoptique, de toutes les résolutions votées, depuis l'adoption de la Convention de Berne, dans les différentes réunions internationales qui se sont succédé. Cela nous a paru commode pour éviter des contradictions, des reculs, des superfétations; les questions de rédactions nouvelles peuvent aussi s'en trouver simplifiées, etc.

Voilà ce que nous avons à dire sur l'activité du bureau de l'Union littéraire et artistique et sur les raisons et les sentiments qui nous guident dans l'accomplissement de notre mandat. Nous n'avons

---

(1) Un pas important dans ce sens a été fait cette année par l'Union industrielle. A la conférence de Madrid, les délégués de neuf Etats ont adopté le projet d'enregistrement international des marques de fabrique et de commerce que nous avons mentionné plus haut, enregistrement qui s'effectuerait au bureau de ladite Union. Ce projet est soumis en ce moment à l'adoption des gouvernements des Etats contractants.

pas à parler ici du bureau de l'Union industrielle ; nous nous bornons à constater que l'analogie qui existe entre les deux Unions se reflète complètement sur la marche de leurs bureaux respectifs.

Nous terminons cet aperçu par une invitation que nous plaçons à la fin de notre travail, afin que, comme les accords qui terminent l'exécution d'un morceau, elle reste vibrante à l'oreille de nos auditeurs : c'est qu'ils veulent bien ne pas oublier que les renseignements, les conseils et les observations seront toujours les bienvenus chez nous. Nous croyons, — et ici nous faisons abstraction de toutes considérations particulières ou de questions de sentiment — nous croyons, disons-nous, que les bureaux internationaux sont mieux placés à distance des grands foyers que sous le rayonnement immédiat de l'un d'eux ; l'éclat des autres pourrait en souffrir, ce qui est exclusif d'un groupement international solide et durable. Mais si nous croyons cela, nous savons d'autre part que la lumière de ces grands foyers nous est indispensable. Les livres, les revues, les journaux nous en transmettent des rayons, mais ceux que nous recevrons des hommes qui savent exactement sur quel point il faut les projeter seront certainement ceux qui féconderont le mieux le sol sur lequel nous travaillons.

Berne, septembre 1890.

Henri Morel,

Secrétaire général des Bureaux internationaux réunis de l'Union littéraire et artistique et de l'Union industrielle.

Paris. — Imp. J. Kugelmann. 12, rue de la Grange-Batelière.

ASSOCIATION LITTÉRAIRE ET ARTISTIQUE

INTERNATIONALE

(12ᵉ session)

Siège social : 17, rue du Faubourg-Montmartre, PARIS

CONGRÈS DE LONDRES
4-11 Octobre 1890

EXAMEN DE LA CONVENTION DE BERNE

RAPPORT DE M. EUGÈNE POUILLET

Avocat à la Cour de Paris

Nous n'avons pas à refaire ici l'historique de la Convention d'Union de Berne; ce serait refaire l'historique de l'*Association littéraire et artistique internationale*.

Chacun sait aujourd'hui comment, grâce à l'initiative de l'Association, une conférence internationale, toute privée, se réunit à Berne en 1883, rédigea un avant-projet de Convention, qui, dans sa pensée, devait servir de base à des négociations officielles, et pria le gouvernement helvétique de prendre ce projet sous son patronage, de l'étudier, de l'amender, s'il le croyait utile, et de le présenter au moment opportun aux autres gouvernements. La Suisse accepta cette mission et, après s'être assurée des bonnes dispositions d'un certain nombre d'États, elle provoqua une Conférence, officielle cette fois, à Berne, en 1884. C'est de cette Conférence et des discussions remarquables auxquelles elle a donné lieu qu'est sortie la Convention d'Union.

Le but poursuivi par l'Association littéraire et artistique internationale et déjà assuré en partie par la Convention, c'est la pro-

1

tection du droit des auteurs dans tous les pays civilisés ; elle marche à la conquête d'une législation partout uniforme, qui, sur tous les points du globe, assure à l'auteur les profits de son œuvre et le défende contre les contrefacteurs, c'est-à-dire contre ceux qui s'enrichissent à ses dépens. Cette unification ne peut être l'ouvrage d'un jour ; elle ne peut se faire que peu à peu, progressivement. Les besoins intellectuels ne sont pas les mêmes chez tous les peuples ; et le degré d'avancement des littératures n'est pas partout le même. Il faut donc marcher en avant par étapes, aller d'un progrès à un autre progrès, passer d'un accord conclu sur un point à un accord conclu sur un autre point ; et c'est ainsi qu'un jour viendra où, à la suite de ces efforts successifs, l'accord étant devenu général, l'unification se trouvera faite.

La Convention d'Union de Berne répond à cette aspiration ; elle marque un progrès déjà considérable en créant, entre un certain nombre de pays, un minimum d'unification. La Convention est d'ailleurs perfectible ; il est de son essence d'être revue et corrigée, et c'est pour préparer cette revision que l'Association, continuant ses efforts, organise chaque année de nouveaux congrès, assises internationales où elle fait appel à toutes les bonnes volontés et où elle cherche à mettre en lumière ce qu'elle croit être les idées de justice et de vérité.

I

Du droit de traduction

La Convention d'Union devait nécessairement s'occuper du droit de traduction. C'est un des points qui, dans cette matière spéciale, soulève le plus de contestations, non seulement au point de vue de la réglementation, mais même au point de vue de son principe.

Certaines législations ne reconnaissent pas à l'auteur, ou ne lui reconnaissent qu'exceptionnellement, par exemple s'il s'agit d'ouvrages scientifiques, le droit d'empêcher la traduction de ses œuvres. D'autres législations n'ont protégé l'auteur contre les traductions non autorisées que s'ils ont fait une réserve expresse en tête de l'œuvre originale, et si, dans un délai, le plus souvent fort court, il a lui-même fait paraître une traduction de son ouvrage. Encore la durée de son droit ne s'étend-elle qu'à quelques années, au bout desquelles le droit de traduction appartient à tous.

Les législations qui ne voient dans la traduction qu'un simple mode de reproduction et qui, par suite, assimilent le droit de traduction au droit de reproduction lui-même, lui assignant les mêmes règles et la même durée, sont les plus rares, et dans le nombre il en est qui, accordant pleinement le droit de traduction aux auteurs nationaux, le refusent à l'auteur étranger.

Sur aucun point, en un mot, il n'y a plus de diversité dans les législations que sur le droit de traduction.

La Convention d'Union a fait un pas en avant. Elle a fixé à dix ans, à partir de la publication, le droit pour l'auteur d'empêcher les traductions de son œuvre, non autorisées par lui. Pendant ce temps, nul ne peut la traduire sans sa permission; traduire alors, c'est contrefaire. L'auteur, du reste, n'est astreint ni à une réserve en tête de l'œuvre originale, ni à publier lui-même une traduction. En revanche, les dix ans expirés, le droit de traduire redevient libre.

Le projet présenté par le gouvernement suisse allait plus loin : il proposait qu'au bout des dix ans l'auteur, s'il avait publié lui-même une traduction de son ouvrage, fut investi du droit exclusif de traduction pour tout le temps que devait durer son droit sur l'original. Cette solution semblait logique; si l'on peut comprendre que l'auteur se voie privé du droit de traduction, c'est dans l'intérêt général de l'humanité et pour que ceux qui ne sont pas initiés à la connaissance de la langue dans laquelle l'œuvre originale a paru, puissent du moins connaître cette œuvre dans la traduction. La diffusion des idées présente un intérêt supérieur devant lequel on peut admettre à la rigueur que l'intérêt particulier de l'auteur doive plier. Mais, lorsque l'auteur a publié une traduction, cet intérêt supérieur est satisfait; on ne voit plus de prétexte pour sacrifier l'auteur. Il est même à présumer que la traduction, autorisée par l'auteur, faite sous ses auspices, est celle qui rend le mieux et le plus fidèlement sa pensée. Dès lors, à quoi bon de nouvelles traductions?

Cette solution, recommandée par la Suisse, ne fut pourtant pas agréée en 1884. Elle parut trop hardie. Il faut espérer qu'à la prochaine revision de la Convention cette idée aura fait son chemin et qu'elle pourra être accueillie par toutes les nations signataires de la Convention. C'est ce qu'a proposé la conférence privée qui s'est tenue l'an dernier à Berne, et dont la réunion a été provoquée par l'Association littéraire et artistique internationale.

Mais ce ne sera encore là qu'un progrès, qu'un acheminement vers la vérité définitive qui, selon nous, consiste à assimiler purement et simplement le droit de traduire l'œuvre au droit de la reproduire. La traduction est à l'œuvre littéraire ce que la gravure est à l'œuvre du peintre. Lorsqu'un tableau est reproduit par la gravure, l'œuvre du peintre n'a pas changé, elle est seulement traduite dans une autre langue; au lieu que ce soient des couleurs qui parlent aux yeux, ce sont des traits qui, plus ou moins accentués, donnent des clairs et des ombres avec les mêmes valeurs. Nul ne s'y méprend; c'est bien la même pensée autrement exprimée. Il en est de même pour la traduction; elle n'est pas une autre œuvre, elle n'est qu'une autre expression de la même œuvre, et elle est d'autant meilleure qu'elle s'en approche davantage, qu'elle la rend plus fidèlement. Elle n'est donc qu'une reproduction de l'œuvre, et, si l'on admet (ce qui est le fondement même de toute législation sur le droit des auteurs) que la propriété littéraire consiste précisément dans le droit de reproduction, il est manifeste que le droit de l'auteur sur son œuvre s'étend nécessairement à la traduction.

On fait observer souvent que les peuples qui n'ont pas de littérature nationale ne peuvent se priver du droit de traduire les littératures étrangères. Ce raisonnement ne semble ni juste, ni justifié par les faits. Il semble, en effet, que le développement de la littérature nationale est entravé par la possibilité pour tous de s'emparer, sans bourse délier, des chefs-d'œuvre étrangers. Pourquoi les éditeurs courraient-ils les risques qui s'attachent toujours à la publication d'un ouvrage nouveau, quand il leur est loisible de publier des œuvres dont le succès s'est déjà affirmé ? A quoi bon créer quand il suffit de traduire ?

On sert tout à la fois l'intérêt de l'auteur et celui de l'humanité en assimilant le droit de traduire l'œuvre au droit de la reproduire, en laissant l'auteur libre d'autoriser ou de défendre la traduction de son ouvrage, en lui reconnaissant le droit d'en tirer tous les profits intellectuels et pécuniaires.

C'est là qu'est la vérité ; toutes les législations la proclameront un jour ; jusque-là, et bien que certains esprits, prévenus peut-être, n'y soient pas faits encore, il appartient aux Congrès de l'affirmer toujours et en toutes circonstances. C'est, d'ailleurs, le privilège de la vérité de commencer par être méconnue ; mais, comme le jour, elle finit par triompher des ténèbres.

Le Congrès de Londres, fidèle aux précédents Congrès, votera donc la formule suivante :

La traduction n'est qu'un mode de reproduction ; le droit de reproduction qui constitue la propriété littéraire comprend nécessairement le droit exclusif de traduction.

II

De la rétroactivité de la Convention

La question de la rétroactivité de la Convention mérite de fixer l'attention du Congrès ; elle n'est pas sans difficulté.

L'article 14 de la Convention est ainsi conçu : « La Convention, « sous les réserves et conditions à déterminer d'un commun « accord, s'applique à toutes les œuvres qui, au moment de son « entrée en vigueur, ne sont pas tombées dans le domaine public « dans le pays d'origine. »

En principe, rien de plus clair. Si, au moment de l'entrée en vigueur de la Convention, l'œuvre n'est pas tombée dans le domaine public dans le pays d'origine, elle est protégée également dans les autres pays de l'Union, encore qu'à ce moment-là, c'est-à-dire avant la mise en vigueur de la Convention, l'œuvre ne serait pas protégée dans ces pays. Prenons un exemple : il s'agira d'un ouvrage paru en France et dont l'auteur vit encore au moment où la Convention entre en vigueur ; mais l'ouvrage a paru depuis trois ans, et l'auteur n'a pas fait paraître, en Allemagne, de traduction de son œuvre. Le droit de traduction en langue allemande est dans le domaine public en Allemagne, aux termes de la Convention franco-allemande du 19 avril 1883, quoiqu'il appartienne encore à l'auteur dans le pays d'origine. L'effet de la Convention d'Union est de lui restituer ce droit en Allemagne pour une période de sept années. Désormais, à partir de la mise en vigueur de la Convention, nul ne pourra, sans l'autorisation de l'auteur, publier en Allemagne une traduction de son ouvrage.

Ce principe, pourtant, ne peut être tellement absolu que l'éditeur allemand qui, usant de son droit avant la Convention, aurait fait paraître une traduction, soit dépouillé de la faculté tout au moins d'écouler les exemplaires de cette traduction déjà mis en vente. Il avait usé d'un droit qu'il puisait dans la loi : la loi nouvelle dispose pour l'avenir et ne saurait avoir d'effet rétroactif.

Seulement, quel est le droit de cet éditeur allemand ? Jusqu'où va-t-il ? Que les exemplaires qu'il a préparés, qui sont dans ses magasins, et, par cela même, prêts à être vendus, mis en vente, puissent être écoulés jusqu'au dernier, en dépit de la Convention, c'est ce qu'on ne peut contester. Mais le droit de l'éditeur irait-il plus loin ? De ce qu'il a fait paraître une édition de cette traduction, faut-il conclure qu'il aura le droit d'en faire de nouvelles éditions, d'en faire autant qu'il jugera convenable, et, si la traduction a été clichée, de tirer indéfiniment sur les clichés, au besoin même de faire une réimpression et de préparer de nouveaux clichés ?

La difficulté n'a pas échappé aux rédacteurs de la Convention, et c'est pour cela que l'article 14, tout en posant le principe, parle « des réserves et conditions à déterminer d'un commun accord ». L'article 4 du protocole de clôture a précisé en disant que « l'application de la Convention aux œuvres non tombées dans le domaine public aura lieu suivant les stipulations y relatives contenues dans les conventions spéciales existantes ou à conclure à cet effet ». Et le protocole ajoute que, « à défaut de semblables stipulations entre pays de l'Union, les pays respectifs régleront, chacun pour ce qui le concerne, par la législation intérieure, les modalités relatives à l'application du principe contenu à l'article 14 ».

Ainsi la Convention, pour les moyens transitoires dont elle reconnaît la nécessité, s'en remet soit aux stipulations particulières qui peuvent être conclues entre les pays de l'Union, soit, à défaut de stipulations, aux législations intérieures des divers pays.

Entre l'Allemagne et la France, par exemple, il n'a pu y avoir de difficulté; car, dès avant la Convention d'Union, et pour assurer l'exécution du traité particulier conclu le 19 avril 1883 entre la France et l'Allemagne, des mesures transitoires avaient été expressément prévues. Le protocole de ce traité renferme la disposition suivante :

« L'impression des exemplaires en cours de fabrication, licite au « moment de la mise en vigueur de la présente Convention, pourra « être achevée ; ces exemplaires ainsi que ceux qui seraient déjà « licitement imprimés à ce même moment, pourront, nonobstant « les dispositions de la Convention, être mis en circulation et en « vente, sous la condition que, dans un délai de trois mois, un « timbre spécial sera apposé par les soins des gouvernements res- « pectifs sur les exemplaires commencés ou achevés lors de la mise « en vigueur.

« De même, les appareils, tels que clichés, bois et planches gra- « vées de toutes sortes, ainsi que les pierres lithographiques exis- « tant lors de la mise en vigueur de la présente Convention, pour- « ront être utilisés pendant un délai de quatre ans à dater de cette « mise en vigueur, après avoir été revêtus d'un timbre spécial.

« Il sera dressé, par les soins des gouvernements respectifs, un « inventaire des exemplaires d'ouvrages et des appareils autorisés « aux termes du présent article. »

On retrouve les mêmes dispositions dans les traités passés entre la France et l'Italie, le 3 novembre 1883 ; entre l'Allemagne et la Suisse, le 23 mai 1881 ; entre l'Allemagne et la Belgique, le 12 décembre 1883.

De cette façon, les droits acquis avant la Convention d'Union ont été sauvegardés, en même temps que le droit de l'auteur a été respecté. Cette mesure de l'estampille, appliquée par les soins des gouvernements respectifs aux exemplaires imprimés et aux cli- chés, bois, planches ou pierres existant avant la mise en vigueur de la Convention, ne peut qu'être approuvée. La conférence privée de Berne, en 1889, la recommande à l'attention des plénipoten- tiaires qui, en 1892, doivent se réunir pour examiner les modifi- cations ou améliorations dont la Convention d'Union est suscep- tible. Toute mesure, du reste, même autre que l'estampille, qui établirait une ligne de démarcation nette entre le régime d'avant la Convention et le régime qu'elle a créé, et qui assurerait au profit des auteurs l'exécution de l'article 14 de la Convention, serait sa- luée par tous comme un progrès.

Il ne faut pas se dissimuler, en effet, qu'à défaut de ces mesures transitoires, clairement précisées, l'exécution de l'article 14, au moyen de la seule application des législations intérieures, reste difficile à obtenir pour les auteurs. Il s'agit là d'une question qu'aucune législation n'a prévue ni pu prévoir. Sans doute, chez tous les peuples, le principe de la non-rétroactivité des lois existe, mais la difficulté est d'appliquer ce principe. Ce n'est plus alors une question d'interprétation, c'est une question de jurisprudence et, par cela même, elle risque de recevoir les solutions les plus diverses et les plus opposées. C'est là ce qui doit préoccuper le Congrès actuel; il serait intéressant que le Congrès indiquât la solution qu'il est souhaitable de voir adopter partout, en l'absence de stipulations spéciales.

Il y a des points qui peuvent être tout de suite mis hors de discussion. C'est ainsi, comme nous l'avons déjà dit, que le droit, pour les éditeurs qui ont, avant la Convention, fait dans un pays une édition d'un ouvrage non tombé dans le domaine public ailleurs, et d'écouler les exemplaires imprimés et préparés pour la vente, ne peut être sérieusement contesté. Mais, si leur droit se borne à cela, il faut trouver le moyen qu'ils ne puissent tirer de nouveaux exemplaires et les écouler sous le couvert des autres. Le moyen le plus simple serait certainement de les obliger à détruire les clichés, bois, planches ou pierres ; seulement, puisque ces objets ont été faits à une époque licite, les détruire, ne serait-ce pas porter atteinte à une propriété légitime ? Et, tout de suite, si l'on admet que les éditeurs peuvent garder leurs clichés, se pose la question de savoir si, légitimes propriétaires de ces objets, ils ont le droit de continuer à en user comme par le passé.

Ainsi, la loi anglaise du 25 juin 1886, faite précisément en vue de la Convention d'Union, porte ceci : « Dans le cas où, avant la « promulgation de l'ordonnance, une personne aurait publié léga- « lement une œuvre dans le Royaume-Uni, rien dans cet article ne « viendra apporter diminution ou préjudice aux intérêts ou droits, « nés ou résultant d'une telle publication, qui subsistent et sont « reconnus valables à ladite date. »

Que doit-on conclure de ces termes ? L'éditeur qui a publié avant la Convention garde-t-il le droit de publier après, soit en se servant des clichés qu'il possède, soit même en faisant une réimpression ? Que veulent dire les expressions : « Rien ne viendra apporter dimi- « nution ou préjudice aux intérêts ou droits nés ou résultant d'une « telle publication » ? Quels sont au juste les droits nés ou résultant du fait de la publication avant la Convention ? Des jurisconsultes anglais ont émis l'avis que l'éditeur avait le droit d'user de ses clichés ou de ses pierres, même de les renouveler en les réparant, mais qu'il n'avait pas le droit de faire de nouveaux clichés, de nouvelles pierres ou de traiter les vieilles par un procédé qui serait presque aussi coûteux que s'il en faisait de nouvelles.

Si cet avis était juste, il y aurait cette anomalie que le fait d'avoir édité avant la Convention donnerait à l'éditeur un véritable privilège qui s'exercerait tout à la fois contre l'auteur et contre le domaine public et qui durerait aussi longtemps que le droit d'auteur lui-même. L'organe du bureau international (le *Droit d'auteur*, janvier 1889) a parfaitement mis en lumière cette anomalie : « Si, sous prétexte de droits acquis, dit ce journal, on « reconnaissait à celui qui a édité antérieurement, sans le consen- « tement de l'auteur, l'œuvre de celui-ci, le droit de continuer à « l'éditer encore comme précédemment, il serait ainsi protégé tou « à la fois contre le domaine public et contre l'auteur. Commen

« pendant que la législation n'accordait aucune protection, la con-
« currence avait un champ libre devant cet éditeur, et, au moment
« où la loi viendrait réparer une injustice existant vis-à-vis de
« l'auteur, c'est à l'éditeur qui a pillé ce dernier qu'on donnerait
« un droit qu'il n'avait pas auparavant ? Et l'auteur devrait se dire
« que, pendant le temps de protection que la loi prétend accorder
« à son œuvre, il y a un éditeur (contre lequel, en définitive, cette
« loi doit avoir été faite) qui aura une position égale, parallèle à
« la sienne, avec cet avantage pour l'éditeur qu'il est mieux outillé
« pour user de cette situation, puisque son organisation date du
« temps où l'auteur non protégé assistait, pieds et poings liés, à sa
« propre ruine ! Il y aurait dans ce fait une anomalie telle que
« nous ne pensons pas qu'elle puisse se produire. Créer un droit
« au profit de quelqu'un d'autre que l'auteur, et contre celui-ci,
« nous paraît impossible. Quelle serait la base juridique de ce
« droit ? Sous quel nom faudrait-il le désigner ? »

Ces réflexions sont faites pour frapper, et la critique de ce privilège établi à côté de celui de l'auteur, ou plutôt en face de celui
de l'auteur, lui faisant échec, est saisissante. La Convention
d'Union, qui a pour but de protéger l'auteur, se retournerait contre
lui. Il ne serait pas protégé, puisqu'il ne pourrait empêcher la concurrence d'une édition rivale, non autorisée par lui, et le domaine
public ne profiterait pas de cette absence de protection, puisque le
droit d'éditer n'appartiendrait pas à tous.

Où peut donc être la solution, lorsqu'une stipulation précise, réglant la situation transitoire, n'aura pas été faite ? A notre sens,
elle est dans la limitation exacte de ce qui constitue un droit acquis.
Le droit acquis à l'éditeur qui a fait paraître, sans autorisation de
l'auteur, avant la Convention, une édition de ses œuvres, est
d'écouler tous les exemplaires tirés. Les exemplaires tirés au moment de la promulgation de la Convention doivent être réputés
tous mis en vente à ce moment ; ceux qui n'étaient pas matérielle-
ment exposés dans les magasins de l'éditeur étaient prêts à y remplacer ceux qui, placés là, venaient à être vendus. C'est seulement
parce qu'il était impossible de mettre en vente, à la fois, tous les
exemplaires tirés qu'un petit nombre seulement figuraient dans les
magasins. Donc, le droit d'achever la vente commencée est bien
acquis à l'éditeur. Ce qui appartient encore à l'éditeur, c'est le droit
de conserver les clichés, bois, planches ou pierres qu'il a fait établir. Ce sont là des objets mobiliers qui, licitement établis, ne
peuvent être enlevés à celui qui les détient, sans violer son droit
de propriété. Mais là s'arrête le droit réellement acquis à l'éditeur ;
le droit d'user de ces objets, de tirer dessus, de produire des exemplaires, est un droit essentiellement précaire. Licite hier dans le
silence de la loi, il peut devenir illicite demain lorsqu'elle a parlé.
Faisons une hypothèse : supposons un ouvrage licencieux ou un
pamphlet attaquant la forme du gouvernement établi, ou encore
un libelle sapant les bases mêmes de toute religion, et supposons
les clichés de ces ouvrages établis dans un pays et dans un temps
où existe la liberté de la presse, la liberté absolue, sans frein, sans

limite comme on l'a rêvé quelquefois. Tout à coup une loi restrictive de la liberté de la presse intervient. Elle établit une censure sévère; elle interdit la discussion de la forme du gouvernement; elle entend qu'on respecte la religion. Ces choses-là ne sont pas sans exemple; on les a vues. En pareil cas, regarderait-on comme un droit acquis à l'éditeur de ces clichés le droit de continuer d'en user et d'invoquer le fait qu'il les a établis sous l'empire d'une loi qui n'admettait aucun délit de presse pour continuer de s'en servir impunément? Assurément non; ce n'est pas seulement l'usage des clichés qui serait subitement interdit, c'est même la vente des exemplaires imprimés qui ne serait plus tolérée; qui sait si l'on n'irait pas jusqu'à la destruction des clichés? Sans doute, on pourrait blâmer ces interdictions au point de vue de la liberté de penser et d'écrire; mais nul n'y verrait une atteinte à des droits acquis.

Lorsqu'il s'agit du droit des auteurs, où est la raison qu'il en soit autrement? Qu'on admette la faculté pour l'éditeur d'écouler les exemplaires antérieurement tirés, à la rigueur cela se conçoit. C'est un tempérament qui, par cela même qu'il ne porte pas un irréparable dommage à l'auteur, qu'il constitue un état tout à fait momentané, peut être admis sans scrupule; il est équitable. Mais la continuation de cet état, la permanence du dommage causé à l'auteur par la permanence de l'usage des clichés, irait directement contre le principe même de la protection accordée à l'auteur, qui est la règle. Evidemment, on ne pourrait, en aucun cas, au rebours de ce que nous admettions dans la précédente hypothèse, aller jusqu'à ordonner la destruction des clichés; mais la raison en est que, dans l'état actuel de la plupart des législations, le droit d'auteur est temporaire, et que, par suite, l'usage des clichés, illicite aujourd'hui, deviendra certainement licite dans un temps plus ou moins prochain. Il est donc juste que l'éditeur, qui a établi ces clichés à une époque où cela ne lui était pas interdit, les puisse garder par devers lui pour s'en servir à l'expiration du droit de l'auteur.

La conclusion, c'est que, lorsque les législations intérieures, contrairement du reste au protocole de la Convention, n'ont édicté aucunes mesures spéciales pour le cas qui nous occupe, et se bornent, d'une façon générale, à maintenir le principe éternel du respect des droits acquis, il est impossible, sans violer manifestement l'esprit et le texte de la Convention, d'autoriser la continuation de l'usage des clichés, bois, planches ou pierres, établies avant la Convention. Le droit de l'éditeur, en pareil cas, se borne à l'écoulement des exemplaires tirés avant la promulgation de la Convention.

Voici donc la formule de vote que nous proposons au Congrès :

Il est nécessaire que chacun des gouvernements contractants détermine, par une estampille ou par tout autre moyen, un délai, passé lequel les faits antérieurs à la Convention ne pour-

ront plus créer de droit aux tiers à l'encontre du droit exclusif qu'elle reconnaît aux auteurs.

En l'absence de ces dispositions transitoires, la Convention doit être interprétée en ce sens que l'usage des clichés, bois, planches ou pierres établis antérieurement, demeure interdit, et que le droit des éditeurs qui les ont établis se borne à écouler les exemplaires imprimés avant la Convention.

EUGÈNE POUILLET.

Paris. — Imp. J. Kugelmann, 12, rue de la Grange-Batelière.

ASSOCIATION LITTÉRAIRE ET ARTISTIQUE

INTERNATIONALE

(12ᵉ session)

Siège social : 17, rue du Faubourg-Montmartre, PARIS

CONGRÈS DE LONDRES
4-11 Octobre 1890

DU COPYRIGHT AUX ÉTATS-UNIS

RAPPORT DE M. JULES LERMINA

C'est avec un profond regret que l'Association littéraire et artistique internationale a appris le résultat de la discussion soutenue devant la Chambre des Représentants des Etats-Unis au sujet de l'International Copyright.

126 membres se sont opposés à une troisième lecture, contre 98 favorables. 103 membres se sont abstenus.

Ainsi que l'a dit avec orgueil un des plus ardents adversaires de la loi, M. Hopkins, de l'Illinois, déjà treize projets de loi ont été proposés dans le même sens. Vingt-trois discussions publiques ont eu lieu, et toujours le résultat a été le même, le rejet positif de toute mesure qui accorde protection aux auteurs non américains.

Les considérations exposées par les orateurs opposés au projet actuel, et approuvées par le vote définitif, ne sont pas de nature, en dépit des espérances entretenues en Europe, à indiquer un progrès, si léger soit-il, dans les tendances du Parlement américain : les arguments développés avec énergie par les détracteurs de la loi tendraient plutôt à aggraver la situation, car, ainsi qu'on va le voir, ce n'est pas seulement le *modus vivendi* proposé qui a été l'objet d'attaques violentes, mais le principe même de la propriété intellectuelle.

Pour tout observateur impartial, il est évident que le débat est dominé par des questions tout étrangères à la propriété intellectuelle : l'opposition est déterminée par deux mobiles spéciaux, qui sont en premier lieu un antagonisme irrédentiste contre l'Angleterre, directement intéressée au vote, et en second lieu une lutte intérieure entre l'Est et l'Ouest de l'Amérique. Les plus acharnés détracteurs de la loi appartiennent — ce sont leurs adversaires qui

2

l'ont fait remarquer — aux régions les moins adonnées aux choses de l'esprit, aux contrées uniquement industrielles et chez lesquelles les écrivains et les éditeurs sont en nombre presque nul. Pour les commettants de ces représentants, Kansas, Kentucky, Missouri, Ohio, Texas, les droits intellectuels ne sont point chose tangible et réelle. Ils font bon marché et de la sécurité et de la dignité des auteurs, qu'ils traitent de spéculateurs et de monopolisateurs, alors qu'ils réclament la rémunération de leur travail.

Au contraire, les écrivains peuvent être fiers d'avoir été défendus par les représentants des Etats qui constituent l'élite intellectuelle du pays; New-York, New-Jersey, Boston, Philadelphie ont lutté pour le droit et pour la justice, et c'est à ceux-là que nous devrons — si tant est qu'elle puisse être remportée — une victoire définitive.

Il est intéressant de grouper et d'analyser rapidement les arguments présentés par les adversaires de la loi.

I

Nous passerons sans nous y arrêter sur la négation même du droit de propriété. Il y a longtemps que ces prétendus axiomes — — L'idée émise appartient à tout le monde — La gloire est la récompense de la science — ont été réfutés.

M. Hopkins, de l'Illinois, n'a pas craint cependant de s'approprier les arguments les plus insoutenables : selon lui, l'auteur ne crée rien ; il ne fait que mettre en œuvre les éléments que lui fournissent ses prédécesseurs. Il puise dans les livres, dans les bibliothèques, des idées qu'il ne fait que remettre en circulation.

Comme si, en matière de propriété ordinaire, l'homme n'empruntait pas à la nature les éléments de son travail. Il ne crée pas sa maison, puisqu'il en trouve les matériaux dans la terre. M. Hopkins admettrait-il que, pour ce motif, on niât l'appropriation ?

M. Hopkins ajoute d'ailleurs que l'écrivain vraiment digne de ce nom ne travaille pas pour de l'argent : il est juste de le remercier de cette preuve d'estime, tout en lui faisant observer que l'écrivain — même le plus digne de ce nom — a le droit de vivre de son travail, comme tout être humain.

M. Hopkins ne remarque pas qu'en niant le droit de l'écrivain à une rémunération, il ferme par cela même la carrière littéraire à tout homme sans fortune et sans patrimoine. C'est le Silence aux Pauvres ! dans toute sa cruauté ! Pour un défenseur du peuple, cette prétention paraît singulièrement illogique.

M. Mills — du Texas — a déclaré d'ailleurs que la preuve que cette propriété n'existait pas, c'est qu'on la limitait. Si elle était logique, Copernic pourrait interdire encore aujourd'hui qu'on enseignât le système planétaire. Ce raisonnement serait facétieux s'il ne prouvait une parfaite ignorance des principes mêmes de la question. M. Mills ignore — comme d'ailleurs tous les adversaires de la question littéraire — que l'idée appartient à tout le monde et que la propriété ne s'exerce que sur la forme personnelle à l'auteur.

Enfin, d'après les mêmes orateurs, l'intérêt de l'auteur est antagonique à l'intérêt général, puisque la rémunération qu'il réclame tend à augmenter le prix des livres. M. Payson — de l'Illinois — désirerait que même les auteurs américains ne fussent pas protégés — pendant quarante-deux ans —; les livres seraient à meilleur marché ! L'écrivain doit être un dévoué, un apôtre qui se sacrifie au plaisir du plus grand nombre. Le public ne lui doit rien. Libre à lui de ne pas produire. S'il écrit, c'est que la joie de manifester sa pensée devant quarante millions de lecteurs lui paraît une récompense suffisante à son travail.

Il est inutile d'insister sur l'étrangeté — mot parlementaire — de semblables conceptions. Passons.

II

Mais, disent M. Hopkins et les autres, si nous admettons encore que l'auteur américain soit protégé, il n'en est pas du tout de même pour l'auteur étranger.

M. Payson, de l'Illinois, a fait cette déclaration catégorique :

— Qu'y a-t-il de commun entre nous et les étrangers ? Ils ne s'intéressent à nous que parce que nous sommes une source de profit pour eux.

Et ici apparaît dans toute sa netteté l'antipathie contre l'Angleterre.

C'est à elle et à elle seule que profiterait la loi. Pourquoi l'Amérique favoriserait-elle les éditeurs de ce pays de féodalité ? Quant aux auteurs, à quoi bon en parler ? Ils sont payés chez eux. L'Amérique ne leur doit rien. Le projet de loi n'a d'autre but que d'ouvrir à des étrangers le vaste marché des lecteurs américains et cela sans exiger aucune réciprocité de la part des autres pays. Et un orateur ajoute que, pour qu'un auteur étranger soit protégé en Angleterre, il faut qu'il habite une possession anglaise et qu'il prête serment à la reine.

Et personne n'a rétorqué cet argument fantaisiste ! Ainsi les auteurs français, allemands, qui, en vertu des lois anglaises et maintenant de la Convention de Berne, sont protégés dans la Grande-Bretagne ont dû faire un acte contraire à leur dignité de citoyen ! Dans quel arsenal démodé les adversaires ont-ils recueilli cette arme brisée ?

Les Américains de bonne foi savent que, dans la plupart des pays d'Europe, ils sont protégés quand même. La France, entre autres, n'a-t-elle pas inscrit dans sa loi le principe de la protection même sans réciprocité ? Et, pour ne parler que de l'Angleterre quel rapport y a-t-il entre un enregistrement à Stationer's Hall et un serment d'allégeance. L'Angleterre n'a-t-elle pas toujours offert un traité aux États-Unis et l'Association a-t-elle perdu le souvenir d'un projet qui avait été soumis en 1881 par le Board of Trade à son examen et qui consacrait la réciprocité de la protection entre les deux pays ?

Que les États-Unis entrent dans l'Union de Berne, et ils acquerront la preuve qu'il ne leur sera imposé aucune condition qui blesse leurs sentiments de loyalisme américain.

III

Si ces orateurs montrent une acrimonie non dissimulée contre leur ancienne métropole, par contre, ils excipent de cet argument que ce sont les livres anglais qui ont fait l'éducation intellectuelle de l'Amérique, ajoutant que, si la loi de protection internationale existait, le peuple américain ne pourrait lire ni Shakespeare, ni Milton, ni Bunyan, ni Macaulay.

On se demande en vérité si la passion ne finit point par troubler les esprits les plus sensés ; est-ce qu'une protection, fût-elle de quarante-deux ans, toucherait en quoi que ce soit les classiques ? Est-ce que chez nous, Molière, Montaigne ou Rabelais ne sont pas dans le domaine public ? En quoi la protection des auteurs modernes empêche-t-elle la diffusion des œuvres consacrées par le temps ?

Mais on touche ici au véritable nœud de la question, et en laissant de côté les arguments dénués de signification, tels que celui qui précède, il est utile d'exposer très sincèrement ceux qui ont une importance, d'ailleurs plus apparente que réelle.

Les adversaires du projet se posent en protecteurs dévoués de l'éducation populaire.

Le peuple américain est grand liseur ; il n'est pas de ferme, de cabane, même en les plus reculés coins des *Rocky mountains,* où ne se trouve un livre ou un magazine.

Or, grâce au régime actuel, les livres des auteurs étrangers ont pu être publiés à un bon marché excessif. Ce qui coûte cinquante francs en Angleterre en coûte quinze ou dix aux Etats-Unis. Le *Journal de Gordon* qui vaut à Londres 21 shillings (26.25) est vendu à Chicago pour un dollar et demi, soit 7.50 environ. La protection du droit d'auteur entraînerait une augmentation formidable du prix des livres.

Il est singulier que, dans un pays qui se pique d'être pratique, les parlementaires semblent si peu armés de documents sérieux sur les questions qu'ils traitent.

Car un homme un peu au courant de ce qui se passe en Europe aurait bien facilement rétorqué cet argument.

Laissant provisoirement à l'écart l'Angleterre où, en effet, le prix des livres est encore élevé, en raison de questions toutes spéciales, telles que les *Circulating libraries,* par exemple, d'autre part, ne voyons-nous pas qu'en France, en Espagne, en Allemagne, on est arrivé à la dernière limite du bon marché, et pourtant où le droit des auteurs est-il plus respecté ? Les Américains pourraient-ils nous citer un seul volume pour lequel un droit d'auteur ne soit pas payé sous une forme quelconque, et cependant, à l'exception des livres de grand luxe, le prix moyen est de 2 francs 50 le volume, de deux marks ou de deux pesetas et demi. Il existe nombre de bibliothèques à un franc le volume. Les chefs-d'œuvre de nos auteurs contemporains sont même réédités par la maison Marpon à 60 centimes le volume. Est-ce que, d'aventure, on supposerait aux Etats-Unis qu'il n'est pas payé de droit d'auteur sur toutes ces éditions ? Est-ce que Tauchnitz pour des éditions à bon marché ne paie pas les auteurs anglais ? Et actuellement est-ce que des traités ne sont pas quotidiennement conclus entre des éditeurs de Londres, de Leipzig, de Madrid et les auteurs européens?

Ceci démontre que le respect du droit d'auteur n'est en aucune façon incompatible avec le bon marché des livres.

En ce qui touche les rapports spéciaux des Etats-Unis et de l'Angleterre, il est à remarquer que le prix à payer aux auteurs anglais ne serait pas majoré du prix d'une traduction, puisqu'il y a identité de langue. C'est ainsi que la Belgique traite avec les auteurs français de la reproduction de leurs œuvres à de meilleures conditions que l'Allemagne et l'Angleterre.

Et enfin, est-il donc vrai que les exigences des auteurs soient telles que cette majoration de prix apparaisse si formidable?

On peut fixer en moyenne le droit d'auteur à 10 0/0 du prix marqué. Donc, le livre que l'on établit en Amérique pour un demi-dollar, ou deux shillings environ, ou 2 fr. 50, ressortirait à 2.75! Une augmentation insignifiante pour le respect d'un droit, pour l'entrée définitive d'un grand et admirable pays dans la voie de la probité! En vérité, est-ce là un sacrifice impossible?

Que les Etats-Unis se déclarent prêts à accepter ces conditions, et ils obtiendront la signature de tout homme qui tient une plume. Et on a osé dire, au Parlement américain, que les auteurs étrangers voulaient ruiner le commerce des livres, empêcher le peuple de s'instruire! Comme le disait M. Hopkins, les auteurs étrangers réclament la reconnaissance d'un droit. Ce qui étonne le représentant de l'Illinois, c'est que les écrivains aient cette audace. Ils l'ont, mais en des conditions telles qu'il faut ignorer les premiers éléments de l'arithmétique pour les taxer d'avidité.

Donc il est faux que la reconnaissance du droit d'auteur doive amener une augmentation grave du prix des livres.

Mais il y a plus : les éditeurs américains aujourd'hui hésitent à entreprendre la publication d'une œuvre étrangère de grande importance. Et cependant ce ne sont pas les droits d'auteur qui alourdissent leurs charges. Mais peuvent-ils risquer quelques milliers de dollars pour l'établissement d'une publication dont le lendemain pourra s'emparer un concurrent qui profitera de la publicité déjà faite et pourra livrer l'œuvre à un prix inférieur.

S'ils se décident à braver ce péril, tout au moins essaient-ils de le conjurer en cherchant à vendre la première édition au plus haut prix possible. Et l'absence de protection empêche que l'œuvre soit cotée, dès le début, à son prix normal.

IV

Les défenseurs du projet de loi — quelque faibles qu'aient été malheureusement leur compétence et leur argumentation — n'ont point failli cependant à rappeler aux représentants que la concurrence faite à la littérature nationale par la reproduction non payée des œuvres étrangères était un obstacle invincible au développement du mouvement intellectuel du pays.

M. Henry Holt, grand éditeur des Etats-Unis, a déclaré qu'il se voyait dans la nécessité de refuser impitoyablement les manuscrits des auteurs américains, attendu qu'en raison des droits d'auteurs à payer aux nationaux, c'est une mauvaise spéculation financière que de s'imposer des frais qui peuvent être évités en ne publiant que des œuvres étrangères.

Certes, il faut prendre cet argument pour ce qu'il vaut et répéter que les prétentions des auteurs sont loin de surcharger ces frais de façon si énorme. Mais enfin, en tous les pays où la protection internationale n'existe pas, les éditeurs — qui ne dédaignent aucun bénéfice — usent du même raisonnement pour repousser les nationaux.

Un autre éditeur a donné cet exemple d'une *authoress* qui avait traité pour des nouvelles à 15 dollars (75 francs) l'une, et qu'on a dû remercier, pour ne prendre que des œuvres étrangères.

Il est donc certain que le système actuel s'oppose totalement au développement de la littérature nationale aux États-Unis. Jusqu'à ce que le succès les mette hors de pair, les auteurs doivent travailler gratis. Combien peuvent résister à cette condamnation à la misère ? Combien d'œuvres ont été tuées en germe ! Les Américains n'éprouvent-ils point quelque remords de cette méconnaissance de leur gloire intellectuelle ?

M. Lodge, du Massachussetts, a tenté, mais sans succès, de faire vibrer la corde nationale :

— Quoi ! s'est-il écrié, vous ne vous sentez pas humiliés d'être ainsi les tributaires moraux de l'Angleterre ! Vous ne cherchez pas les moyens d'avoir des livres nationaux, des œuvres américaines, écrites par des Américains et empreintes de l'esprit américain !

Outrant ses critiques de la littérature anglaise, il a insisté sur ce point topique qu'un peuple devait être instruit par les nationaux, et ne pas recevoir, dès l'enfance, des empreintes étrangères.

D'ailleurs, un autre orateur, M. Mac Adoo, du *New Jersey*, a défendu cette thèse que c'étaient les pires ouvrages de la littérature anglaise, des livres de rebut, le plus souvent obscènes et grossiers, qui constituaient le grand stock, offert à un prix dérisoire aux travailleurs de l'Ouest, quelque chose comme les volumes absurdes que naguère le colportage répandait dans toute la France.

Il a cité une longue liste d'ouvrages — pour lesquels il n'est pas payé, bien entendu, de droits d'auteurs — et qui appartiennent à la plus basse littérature. C'est ce commerce que les détracteurs du bill entendent protéger.

Mais les adversaires ont répondu imperturbablement que les écrivains américains étaient protégés et qu'il ne convenait pas de s'occuper davantage de leurs intérêts; que, quand on avait du génie, on parvenait à s'imposer quand même. On a cité une douzaine d'auteurs qui avaient fait fortune, ce qui semblait de leur part une sorte d'usurpation du bien d'autrui.

Qu'importent les littérateurs aux industriels de l'Ouest ? Livres anglais ou américains, nationaux ou étrangers, tout cela les touche peu. En vérité, ils ont leur siège fait, et, quoiqu'ils aient des oreilles, ils se refusent à entendre.

V

MM. Hopkins, Payson, Culbenon Mills se sont surtout attachés à prouver que, si le droit des étrangers était protégé, il

deviendrait impossible d'inonder le pays de magazines et de journaux hebdomadaires à un ou deux ou cinq *cents*. Ce bon marché
qui leur semble extraordinaire serait, affirment-ils, impossible si
les auteurs étaient rétribués.

Que ces messieurs prennent la peine de faire un tour en Europe,
en Angleterre, en France, en Allemagne, et ils pourront se convaincre que cette crainte est mal fondée. Pour ne parler que de la
France, ils y trouveront des publications de seize pages, luxueu-
sement illustrées, contenant des œuvres inédites ou de la reproduction — le tout formant plusieurs milliers de lignes payées —
et, cependant, vendues au prix de dix centimes; d'autres, de huit
pages, à cinq centimes. Ils acquerront ainsi la preuve que le respect du droit n'est pas un obstacle à la publication de journaux à
bon marché, et, s'il est vrai qu'il y ait de l'autre côté de l'Océan
un marché de 40 millions de lecteurs, nous leur apprendrons qu'il
suffit d'un tirage de cent mille pour que la spéculation, honnête-
ment menée, devienne des plus rémunératrices.

La vérité, c'est que l'Amérique, de son propre aveu, ne publie
environ que 4,000 ouvrages par an, alors qu'en France, par exemple, avec une population moindre, le chiffre des enregistrements
au ministère de l'intérieur monte annuellement à près de 8,000;
que les exemplaires des journaux montent quotidiennement à plusieurs millions; que l'industrie du livre et du journal sont floris-
santes et que nos grands éditeurs et nos directeurs de journaux
peuvent supporter sans crainte la comparaison avec leurs confrères
d'outre-océan, tout en ayant inscrit dans la loi la reconnaissance
du droit des étrangers.

Les Américains ne sont tributaires des littératures étrangères
que parce qu'ils ne protègent pas le droit des auteurs étrangers.
Le jour où les éditeurs américains n'auront plus intérêt à publier
des œuvres étrangères, la littérature américaine prendra, dans le
grand mouvement intellectuel, sa place définitive.

VI

De l'étude attentive des débats qui viennent d'avoir lieu, il ressort que, dans les Etats-Unis, du moins dans les centres les plus
intelligents, il s'est produit un grand mouvement en faveur de la
reconnaissance de la propriété littéraire internationale.

Comme l'a dit M. Mac Adoo, de New-Jersey, l'Amérique a honte
de ne point respecter ce grand principe : « Tu ne voleras pas ! »

Les ouvriers typographes sont partisans de la loi proposée : en
vain on a prétendu que la production et, par conséquent, le travail
diminueraient. On s'est apitoyé sur le sort de ces travailleurs dont
les ateliers seraient fermés du jour où on ne les emploierait plus à
reproduire les œuvres étrangères.

Ils ont répondu, avec un grand sens pratique, que, de ce jour-là
la littérature américaine leur fournirait autant de besogne qu'ils en
pourraient désirer.

M. Carlyle, du Kentucky, a tenté d'intéresser la vanité américaine en lui montrant que, dans le Sud, dans des pays qu'ils dé-

claraient presque barbares, Mexique, Guatémala, Salvador, Venezuéla, le principe du Copyright était reconnu.

Les adversaires du projet ont méconnu ces protestations universelles ; on dirait que, de leur part, il existe une acrimonie personnelle contre ceux qui s'adonnent au travail de l'esprit.

Mais en vérité, comme il est dit au début de ce rapport, les écrivains se trouvent entre l'enclume et le marteau, ils portent la peine des antiques antipathies de certains arriérés contre l'Angleterre et aussi des compétitions qui divisent les Etats encore jeunes des Etats entrés plus avant dans la civilisation intellectuelle.

Cet état de choses durera-t-il longtemps encore ?

Depuis le vote de mai 1890, les contrefacteurs semblent avoir pris à tâche d'affirmer plus cyniquement leur droit à la piraterie. Dans les journaux s'étalent des avis où on explique que — n'ayant pas de droits d'auteurs à payer — on peut établir telle œuvre à tel prix. Un autre a imaginé un procédé de reproduction typophotographique qui lui permet de copier exactement l'œuvre étrangère, de telle sorte qu'aucune différence ne soit appréciable entre l'original et la contrefaçon. Un autre, enfin — c'est à n'y pas croire, — s'est très fort irrité de ce que dans une encyclopédie publiée à Londres, certains articles eussent été commandés à des auteurs américains, si bien que, leurs droits étant protégés, la contrefaçon absolue est devenue impossible, et on a demandé très sérieusement qu'il fût interdit à un auteur américain de rien publier hors de l'Amérique...

L'excès même de ces prétentions sera le meilleur auxiliaire de la justice. M. Breckenridge, du Kentucky, par une manœuvre parlementaire des plus originales, a obtenu que le bill fût remis en discussion. A quelle date ? On l'ignore. Il paraît peu probable que cette discussion ait lieu avant l'hiver. Il convient d'être très modeste dans ses espérances et de redoubler d'efforts pour seconder ceux qui, de l'autre côté de l'Océan, prennent souci des droits des écrivains et de la dignité de leur pays.

Pour aider à ce mouvement, sur lequel les délibérations actuelles peuvent et doivent avoir une grande influence, nous vous proposons de voter l'ordre du jour suivant :

« Le congrès de l'Association littéraire et artistique internationale, en sa session tenue à Londres en octobre 1890,

« Adresse ses plus sincères remercîments aux hommes de cœur qui, aux Etats-Unis, défendent la grande cause de la propriété littéraire et artistique et, confiant dans la victoire définitive du bon sens et de la justice, leur envoie d'ardents encouragements en les invitant à continuer la lutte. »

JULES LERMINA

1285 — Paris, Imp. J. Kugelmann, 12, rue de la Grange-Batelière.

ASSOCIATION LITTÉRAIRE ET ARTISTIQUE

INTERNATIONALE

(12e session)

Siège social : 17, rue du Faubourg-Montmartre, PARIS.

CONGRÈS DE LONDRES

4-11 Octobre 1890

RAPPORT DE M. GUSTAVE ROGER

Agent général de la Société des Auteurs et Compositeurs dramatiques

---

Le programme du Congrès qui doit se tenir à Londres en octobre 1890 comprend trois questions qui intéressent particulièrement les auteurs dramatiques français.

La première question est relative à l'examen général de la Convention diplomatique de Berne.

Tout en reconnaissant les excellentes intentions des délégués qui, réunis à Berne, ont arrêté les termes d'une Convention universelle pour la protection des œuvres littéraires et artistiques, les auteurs dramatiques français constatent avec regret que le désir d'obtenir l'adhésion de certains Etats représentés aux conférences a entraîné la majorité des délégués à faire des concessions que les auteurs français considèrent comme préjudiciables à leurs intérêts, et ils sont d'avis qu'il est indispensable que le texte de la Convention de 1886 soit amendé et amélioré dans la plus large mesure, et en s'inspirant des trois articles que, dès 1881, les auteurs dramatiques français ont remis en vue des conférences qui devaient se réunir.

Ces articles sont ainsi conçus :

ARTICLE PREMIER

Le droit absolu pour les auteurs et compositeurs dramatiques d'interdire ou d'autoriser la représentation et la publication de

3

leurs œuvres, soit dans la langue originale, soit traduites, leur est garanti réciproquement dans chaque État.

Ce droit s'applique aussi bien aux œuvres dramatiques et lyriques représentées ou exécutées qui seraient manuscrites ou autographiées qu'à celles qui sont imprimées, et la protection des lois leur est assurée dans chaque pays comme aux œuvres nationales.

Art. 2.

Le droit de publication des œuvres dramatiques et musicales, et leur droit de représentation sont absolument distincts l'un de l'autre, et la publication d'une œuvre n'autorise personne à la représenter sans l'aveu de son auteur, pas plus que la représentation n'autorise à la publier sans son consentement.

Art. 3.

Les auteurs et compositeurs dramatiques jouiront des droits formulés ci-dessus et de la protection des lois sans être obligés à aucune déclaration ou dépôt préalable, ni aucune formalité. En cas de contestation, il leur suffira, pour établir leur propriété, de produire un certificat de l'autorité publique compétente du pays d'origine attestant que l'œuvre en question y jouit de la protection légale acquise à toute œuvre originale.

Bien que le Congrès de Londres n'ait pas pour but immédiat la revision de la Convention de Berne, les auteurs dramatiques français présentent de nouveau le texte des articles qui précèdent, parce qu'ils les considèrent comme pouvant seuls garantir leurs droits à l'étranger d'une manière efficace, qu'ils attachent à leur rédaction la plus haute importance, et qu'ils espèrent que ces *desiderata*, présentés à chacune des conférences de 1884, 1885 et 1886, seront pris en considération lorsqu'une nouvelle conférence ayant pour but la revision de la Convention de 1886 se réunira.

La deuxième question est relative aux droits des auteurs français aux États-Unis d'Amérique.

Bien qu'il n'existe aucune Convention internationale entre la France et les États-Unis d'Amérique, il serait inexact de prétendre que les auteurs dramatiques français n'ont aucun droit sur leurs œuvres dans ce pays.

En effet, s'ils ne sont pas personnellement protégés, ils peuvent faire protéger leurs œuvres en substituant la personnalité d'un citoyen américain à leur propre personnalité, — et c'est ce qui arrive journellement. Lorsqu'un auteur français a déclaré abandonner à un Américain des droits que la législation américaine ne lui reconnaît pas, à lui auteur français, cet Américain peut faire valoir lesdits droits devant les tribunaux de son pays, à la condition toutefois que l'ouvrage qui aura été l'objet de cet abandon ne soit ni publié ni imprimé, toute œuvre imprimée, dans quelque pays que ce soit, tombant, aux États-Unis, dans le domaine public.

Les manuscrits de tous les ouvrages dramatiques qui ont obtenu à Paris un succès quelconque sont achetés pour l'Amérique à des prix absolument variables suivant le nom de l'auteur, le succès de la pièce, le théâtre où elle a été représentée, etc.

Or, les droits des acheteurs américains ne sont, en réalité, sauvegardés que par la bonne foi des auteurs français et le respect de l'obligation prise par ceux-ci de ne publier la pièce en aucun pays.

Nous pensons que ce sont précisément ces acheteurs américains qui bénéficieraient les premiers de l'adhésion par les Etats-Unis à la Convention de Berne; que, consultés à ce sujet, ces directeurs, artistes ou auteurs américains, acheteurs de pièces françaises, seraient satisfaits de la conclusion d'une Convention internationale qui protégerait leur propriété et leurs droits, et nous pensons que c'est surtout à ce point de vue qu'il y a lieu de présenter la question, la conclusion d'une Convention intéressant également les deux parties.

La troisième question est relative aux droits des auteurs français en Angleterre et à l'adaptation d'un roman en pièce de théâtre.

Il semblait, d'après le texte même de l'article 2 de la Convention de Berne de 1886, article ainsi conçu : « La jouissance des droits « est subordonnée à l'accomplissement des conditions et formalités « prescrites par la législation du pays d'origine de l'œuvre »; que toutes les formalités d'enregistrement et de dépôt prescrites par les Conventions antérieures étaient supprimées, et que toute œuvre protégée en France était protégée par la Convention dans tous les pays de l'Union. Or, ce n'est pas ce qui existe, et les règlements intérieurs de chaque pays viennent ressusciter des difficultés qui semblaient ne plus devoir se présenter.

A la présente note est joint un arrêté du 28 novembre 1887 qui oblige, en Angleterre, l'auteur ou son représentant à fournir, avec la première page de l'ouvrage qu'il veut protéger, un certificat établissant qu'il a des droits dans le pays d'origine et qui oblige en outre (article 2) le propriétaire de l'œuvre à faire connaître le nom de l'agent ou du représentant dans le Royaume-Uni, auquel l'autorité administrative pourra au besoin s'adresser, etc., etc.

En dehors des difficultés que peut rencontrer un auteur à constituer un mandataire et à remplir toutes les formalités précédentes, l'accomplissement de ces formalités est absolument impossible en ce qui concerne toutes les œuvres dramatiques non publiées. Et, à ce sujet, les auteurs dramatiques français font observer que dans toutes les conférences, conventions, etc., où il est question de la protection de leurs droits, il n'est jamais tenu compte de ce fait, qu'en matière d'œuvres dramatiques l'édition et la publication ne sont qu'accessoires, que ces œuvres dramatiques existent surtout par leur représentation, et qu'il est indispensable de bien spécifier que, pour les œuvres dramatiques, la représentation est considérée comme une publication.

C'est un principe qui a été admis par les Congrès qui se sont succédé, mais que la Convention de Berne ne définit pas nettement.

En tenant compte de cette observation, on évitera un texte qui, favorable aux éditeurs en ce qui concerne les ouvrages publiés, ne prévoit pas clairement les droits des auteurs français sur leurs pièces non publiées ou non imprimées.

Pour éviter toutes difficultés ou contestations, les auteurs dramatiques français demandent l'adoption de l'article suivant, déjà présenté par eux, au paragraphe 3 de leur projet général :

Les auteurs et compositeurs dramatiques jouiront des droits formulés ci-dessus et de la protection des lois sans être obligés à aucune déclaration ou dépôt préalable, ni aucune formalité.

En cas de contestation, il leur suffira, pour établir leur propriété, de produire un certificat de l'autorité publique compétente du pays d'origine attestant que l'œuvre en question y jouit de la protection légale acquise à toute œuvre originale.

C'est également au manque de précision de l'article 10 de la Convention de 1886 que sont dues les difficultés qui se présentent journellement en Angleterre relativement à la transformation d'un roman en pièce de théâtre.

Un auteur anglais a-t-il, oui ou non, le droit de transformer un roman français en pièce de théâtre sans le consentement de l'auteur de ce roman?

C'est un point qu'il est absolument indispensable de fixer et que l'article 10 de la Convention, et particulièrement le dernier aliéna de cet article, laisse en suspens.

L'article 10 comprend bien parmi les reproductions illicites les adaptations non autorisées, mais il n'explique pas si la transformation d'un roman en pièce de théâtre est une adaptation, et, le dernier alinéa laissant aux tribunaux des divers pays de l'union la faculté de tenir compte des réserves de leurs lois respectives, la question peut rester ouverte ou du moins reste variable, suivant la législation intérieure de chaque pays.

Il n'est pas besoin de dire que les auteurs français protesteraient énergiquement contre la possibilité qu'il y aurait pour les étrangers de les dépouiller légalement, et ils réclament une rédaction de l'article 10 stipulant formellement que : « Seront comprises parmi les reproductions illicites » les transformations d'un roman en pièce de théâtre.

GUSTAVE ROGER.

Paris. — Imp. J. Kugelmann, 12, rue de la Grange-Batelière.

ASSOCIATION LITTÉRAIRE ET ARTISTIQUE

INTERNATIONALE

(12ᵉ session)

Siège social : 17, rue du Faubourg-Montmartre, PARIS

CONGRÈS DE LONDRES
4-11 Octobre 1890

DE LA SUPPRESSION DE LA DEUXIÈME PARTIE DU PARAGRAPHE FINAL
DE L'ARTICLE 9 DE LA CONVENTION DE BERNE

RAPPORT DE M. VICTOR SOUCHON

L'article 9, § 3, de la Convention de Berne est ainsi conçu :

« Les stipulations de l'article 2 s'appliquent également à l'exé-
« cution publique des œuvres musicales non publiées, ou de celles
« qui ont été publiées, **mais dont l'auteur a expressément**
« **déclaré sur le titre ou en tête de l'ouvrage qu'il en in-**
« **terdit l'exécution publique.** »

L'article 2, dont il est fait mention ci-dessus, est ainsi conçu
dans ses deux premiers paragraphes :

« Les auteurs ressortissant à l'un des pays de l'Union, ou leurs
« ayants cause, jouissent dans les autres pays pour leurs œuvres,
« soit publiées dans un de ces pays, soit non publiées, des droits
« que les lois respectives accordent actuellement ou accorderont
« par la suite aux nationaux.
« *La jouissance de ces droits* **est subordonnée à l'accom-**
« **plissement des conditions et formalités prescrites par**
« **la législation du pays d'origine de l'œuvre;** *elle ne peut*

4

« *excéder, dans les autres pays, la durée de la protection accor-*
« *dée dans ledit pays d'origine.* »

Des dispositions qui précèdent, combinées, il ressort nettement
que la protection est due, en général, à toute œuvre pour laquelle
ont été accomplies les formalités imposées par le pays dont ladite
œuvre est originaire.

Quels sont, des douze pays soumis aujourd'hui aux effets comme
aux obligations de la Convention de Berne, ceux qui, dans leur législation, imposent aux compositions musicales une formalité rentrant dans les dispositions restrictives du paragraphe final de l'article 9 de la Convention ?

(*a*). — **La loi allemande** du 11 juin 1870 dit, article 50 : « Le
« droit de faire représenter en public une œuvre dramatique ou
« musicale appartient exclusivement à l'auteur et à ses ayants
« cause. — Pour les œuvres dramatiques, ou à la fois dramatiques
« et musicales, peu importe que l'œuvre ait été ou non antérieure-
« ment imprimée et publiée. *Au contraire, les œuvres exclusive-*
« *ment musicales imprimées et publiées peuvent être représen-*
« *tées en public* **sans le consentement de l'auteur,** *si l'au-*
« *teur ne s'est pas réservé, sur le titre ou en tête de l'ouvrage,*
« *le droit de représentation publique.* »

(*b*). — **La loi anglaise** du 10 août 1882 sur les droits relatifs
aux compositions musicales, dit en son article 1er : « A partir de la
« promulgation de la présente loi et pour l'avenir, tout composi-
« teur de musique (ou son ayant cause) qui entend conserver un
« droit exclusif de représentation ou d'exécution publique, devra
« désormais faire imprimer, sur la page titre de chaque exemplaire
« de son œuvre, un avis portant réserve expresse de ce droit. »

L'article 2 énonce les formalités à remplir par les détenteurs du
droit de représentation s'il y a eu cession de ce droit avant ou après
la publication, ou si le propriétaire du droit de représentation est
distinct du propriétaire du droit de reproduction.

En cas de distinction, l'article 3 stipule :

Article 3. « Le titulaire du droit de publication qui, après avoir
« reçu la réquisition spécifiée en l'article précédent, négligera
« d'imprimer ou de faire imprimer, de façon lisible et apparente,
« sur tous les exemplaires publiées par lui, par ses soins ou sous
« sa responsabilité, un avis ou *memorandum* portant que le droit
« de représentation ou d'exécution publique est réservé, sera
« condamné, par la cour compétente, à une amende de 20 livres
« au profit du titulaire du droit de représentation ou d'exécu-
« tion. »

(*c*). — **L'ordonnance souveraine monégasque** du 27 février
1889 dit en son article 6 :

« Aucune œuvre dramatique ou dramatico-musicale ne peut être
« publiquement exécutée ou représentée, en tout ou en partie, sans
« le consentement de l'auteur.

« Il en est de même des œuvres musicales non publiées et de

« celles qui ont été publiées *avec réserve expresse des droits de*
« *l'auteur sur le titre ou en tête de l'ouvrage.* »

Puis, plus loin, dans l'article 11, comme aggravation :

« L'article 6 n'est pas applicable aux *exécutions musicales* qui
« ont lieu dans les solennités civiles et religieuses, ou en plein air
« et gratuitement pour le public, ni aux exécutions ou représen-
« tations dont le produit est destiné à une œuvre de bienfaisance
« et qui ont été autorisées à ce titre par le Gouvernement. »

(*d*). — **La loi fédérale suisse** du 23 avril 1883 stipule en son
article 1er d'abord « que la propriété littéraire et artistique consiste
« dans le droit exclusif de reproduction ou d'exécution des œuvres
« de littérature ou d'art. Ce droit appartient à l'auteur et à ses
« ayants cause ».

Plus loin, article 3 : « *Pour les autres œuvres* (c'est-à-dire en de-
« hors des œuvres posthumes ou de celles publiées par la confédé-
« ration, par un canton, par une personne juridique ou par une
« Société), *les auteurs n'ont aucune formalité à remplir afin*
« *d'assurer leur droit*..... »

Puis vient l'article 7 ainsi conçu :

« L'aliénation du droit de publication des œuvres dramatiques,
« *musicales* ou dramatico-musicales n'entraîne pas par elle-même
« aliénation du droit d'exécution, et réciproquement.

« L'auteur d'une œuvre de ce genre *peut faire* dépendre la re-
« présentation ou exécution publique de cette œuvre de conditions
« spéciales, qui, *le cas échéant*, doivent être publiées en tête de
« l'œuvre. »

« Toutefois, le tantième ne doit pas excéder le 2 0/0 du produit
« brut de la représentation ou exécution. »

« Lorsque le paiement du tantième est assuré, la représentation
« ou exécution d'une œuvre déjà publiée ne peut être refusée. »

Enfin, à l'article 11, titre C, § 10, nous lisons ceci : « Ne consti-
« tue pas une violation du droit d'auteur : l'exécution ou la re-
« présentation d'œuvres dramatiques, *musicales* ou dramatico-
« musicales, organisée *sans but de lucre*, lors même qu'un droit
« d'entrée serait perçu pour couvrir les frais ou pour être affecté à
« une œuvre de bienfaisance. »

(*e*). — L'arrêté royal du Grand-Duché de **Luxembourg** du 31
octobre 1841 stipule qu'aucune œuvre *non publiée* ne peut être
représentée ou exécutée sans le consentement de l'auteur.

L'arrêté royal du 29 mai 1857 dit à la suite de cette disposition :

« Art. 2. — Si l'auteur d'une œuvre dramatique ou musicale la
« publie, il peut, *néanmoins*, se réserver pour lui, ses héritiers
« ou ayants cause, le droit exclusif d'en autoriser la représentation
« publique, par une déclaration suivie de son nom imprimé et
« portée à la première page de chaque exemplaire. »

(*f*). — La législation récente d'Haïti (1885) ; la loi *belge* plus récente de 1886 ; la loi tunisienne toute nouvelle de 1889, et en
remontant la loi espagnole de 1879 ; la loi française de 1791 procla-

ment hautement le droit absolu de l'auteur sur son œuvre : *Nul ne peut reproduire ou représenter et exécuter publiquement une œuvre sans le consentement formel et préalable de l'auteur.*

(*g*). — L'**Italie**, par sa loi de 1882, nécessite une mention spéciale. Là le public, contrairement à la situation que lui créent les lois allemande, anglaise, luxembourgeoise, monégasque et suisse, n'a pas à être instruit des intentions de l'auteur.

Celui-ci, sans aucune exception de catégories, est astreint à une formalité d'enregistrement, comme en France l'auteur est astreint, ou son éditeur, à une formalité de dépôt au ministère de l'intérieur, ou encore, comme en Espagne, à l'inscription sur le livre de la propriété intellectuelle au ministère de Fomento. Cet enregistrement par l'auteur italien est suivi de sa déclaration où il mentionne d'une façon précise l'œuvre et l'année où elle est imprimée, exposée, ou publiée d'une autre façon, en exprimant sa volonté de réserve des droits qui lui appartiennent comme auteur ou éditeur.

Donc aucune mention sur l'œuvre. L'intervention de l'auteur, bien que limitée aux termes de sa déclaration devant le préfet de sa province, apparaît toujours comme fondée pour le public italien qui a bien soin de se munir de l'autorisation préalable des ayants droit.

Néanmoins nous n'hésitons pas à critiquer cette disposition législative qui a eu pour regrettable conséquence de supprimer, en Italie, l'exercice du droit d'exécution par l'auteur. Ce dernier, pour échapper à la tyrannie des formalités s'est accoutumé à vendre ses œuvres en toute propriété à l'éditeur qui, par ainsi, bénéficie seul, sauf de rares exceptions, des droits d'exécution. Toutes ces formalités soi-disant protectrices ne font, on le voit, qu'une seule et même victime : le compositeur de musique !

***

Quatre pays seulement ont donc dans leur législation des dispositions rentrant plus ou moins dans l'esprit du paragraphe 3 de l'article 9 de la Convention de Berne. Encore est-il facile de constater combien sont divergentes entre elles ces dispositions, tant dans leur fond que dans leur application.

1. — L'ALLEMAGNE commence par affirmer le droit absolu de l'auteur d'une manière souveraine. Puis, comme pour faire ressortir l'exclusion dont elle va frapper le compositeur de musique, en négation complète du droit qu'elle vient de proclamer magistralement, elle fait débuter sa restriction par ces mots : « *au contraire !* » On comprend en effet que c'est une exception de *contrariété* que la loi applique au compositeur.

2. — L'ANGLETERRE fait pis en voulant faire mieux : elle prévoit le cas de séparation du droit d'édition et de représentation. Elle fait intervenir un nouveau facteur : l'huissier ou son équivalent anglais, lequel devra signifier une requête à l'éditeur au nom du

propriétaire du droit d'exécution, pour rappeler à cet éditeur que la mention à réserve doit figurer sur l'œuvre.

La loi ne prévoit pas le cas où l'auteur absent, ou en voyage, ou devenu incapable, n'aura pu signifier sa réquisition au moment de la mise sous presse!

En Angleterre, ce n'est plus l'œuvre, ce n'est plus l'auteur qu'on met en cause : ce sont les titulaires plus ou moins changeants des différents droits, que l'on contraint à des obligations spéciales, mêmes coûteuses, pour affirmer, devant le public, leur droit de possession.

Et la commodité d'exécuter cette loi est apparue si grande aux intéressés qu'ils se sont empressés de s'y soustraire d'une manière générale en imprimant sur toutes leurs œuvres musicales qu'elles peuvent être exécutées sans autorisation.

C'était en une fois s'épargner à jamais l'emploi de l'huissier.

Les compositeurs anglais ont remplacé ce droit perdu par la « Royalty », mais ce droit incombe à l'éditeur seul, qui est tenu de le payer à l'auteur quand celui-ci peut le lui imposer (ce qui n'est pas commun aux commençants), et les directeurs ou entrepreneurs peuvent s'enrichir par l'exploitation des mêmes œuvres sans être tenus à aucune obligation!

3. — Monaco affirme de même, pour commencer, le droit de l'auteur, mais l'ambiguïté, l'équivoque arrivent dès que l'on cherche à porter atteinte au principe absolu du droit; en effet, les œuvres musicales ne sont protégées qu'avec réserve expresse des droits de l'auteur sur le titre ou en tête de l'ouvrage.

Des droits? Quels droits? Sont-ce tous les droits d'édition, d'arrangement, de transcription, de traduction, d'adaptation, de représentation, d'exécution? Quoi? en un mot. Faudra-t-il que l'auteur perde tout s'il a omis un article, ou ne perdra-t-il que ce qu'il aura omis?

Une fois dans cette voie restrictive, la loi n'y regarde plus de si près, et puisqu'elle a frappé une première fois les œuvres musicales en dépit de la belle affirmation de principe du début, elle va les réduire à merci en les excluant de tout droit quand il s'agira de solennités civiles et religieuses; les compositions musicales seront encore privées de protection pour les séances en plein air, pour celles qui sont gratuites, pour celles, enfin, qui ont un caractère de bienfaisance.

Plus conséquents avec eux-mêmes eussent été les législateurs monégasques en disant : La propriété des œuvres musicales n'est pas une propriété.

4. — Pour le Luxembourg, où, avant 1857, toute œuvre tombait dans le domaine public dès qu'elle était publiée, le texte de loi n'est pas absolument affirmatif. Là, le législateur avance timidement que l'auteur *peut, néanmoins,* se réserver pour lui, ses héritiers et ayants cause, le droit exclusif d'autoriser l'exécution en le déclarant à la suite de son nom sur l'œuvre. On entend bien que le législateur désire, au fond, que rien ne soit changé et que tout ce qui est publié continue à être pillé; cependant, comme il se rend

compte de l'énormité du cas, il essaie un timide : *peut néanmoins*, mais avec l'espoir que le compositeur sera assez sage pour ne pas user de la permission.

*_**

La **Suisse** semblerait devoir être à la tête des pays de l'Union qui possèdent une législation exempte de réserves et dont les dispositions sont libérales en tous points. Il n'en est rien, et les auteurs ont, dans ce pays, une situation dont l'anomalie mérite notre spéciale attention.

Tout d'abord, la loi fédérale de 1883 déclare avec quelque solennité que le droit d'exécution appartient à l'auteur *sans aucune formalité*. Mais elle s'empresse de revenir sur cette naturelle déclaration en exprimant que l'auteur est exclu de tout droit quand ses œuvres sont exécutées publiquement sans *aucun but de lucre*. C'est ainsi que des auteurs ont été déboutés et condamnés aux dépens devant les tribunaux suisses du premier degré, pour avoir cru qu'un cafetier qui annonçait des concerts et les donnait dans son établissement pour augmenter le nombre de ses consommateurs poursuivait un but de lucre. Les tribunaux n'ont vu là qu'un but artistique !

La loi suisse va plus loin en disant que ces séances n'ont pas l'apparence du lucre même quand un droit d'entrée est perçu ou quand le produit est affecté à une œuvre de bienfaisance : Charité forcée imposée à l'auteur, quelques sacrifices personnels qu'il ait pu consentir, par ailleurs, dans un même but d'humanité.

Enfin, la loi suisse semblant rentrer dans les termes de l'article 9 de la Convention de Berne, dit que l'auteur peut faire dépendre la représentation ou l'exécution publique de conditions spéciales qui, le cas échéant, sont publiées en tête de l'œuvre.

Quelles peuvent être ces conditions spéciales? Est-ce une réserve de tel ou tel droit? Est-ce une autorisation générale ou une interdiction complète?

Rien de tout cela, puisque le paragraphe suivant dit : Toutefois le tantième ne doit pas excéder 2 0/0 du produit brut de la représentation, et que, une fois ce tantième assuré, *nul ne peut s'opposer à l'exécution*.

C'est donc uniquement de conditions pécuniaires que l'auteur devra instruire le public, d'avance, sans pouvoir ni prévoir ni connaître dans quels établissements cela pourra servir. Puis, si l'auteur n'a pu ou su mettre aucune condition en tête de son œuvre, il ne pourra, si elle doit être compromise, massacrée, s'y opposer : on le clouera sur place avec le 2 0/0.

La loi n'a pas prévu le cas où plusieurs auteurs seraient exécutés dans le même séance. Se partageront-ils le 2 0/0, ou chacun aura-t-il droit à *percevoir* le 2 0/0?

Ce sont toutes ces contradictions, toutes ces altérations du texte si simple dans les autres législations qui prouvent, mieux que n'importe quelle autre démonstration l'injustice du principe qui a pour but de perpétuer le paragraphe 3 de l'article 9 de la Convention.

S'agit-il, dans les législations sans réserve, d'affirmer purement et simplement le droit de l'auteur? Rien de plus net et de plus clair, en même temps que de plus formel. Au contraire dès que l'on veut porter atteinte à ce droit, on se contredit, on se rétracte, on tombe dans l'équivoque!

Le législateur de la Convention de Berne a-t-il bien pesé toutes ces considérations quand il a établi l'article 9? Quel est le sentiment qui l'a dominé en imposant à une majorité qui l'avait rejetée de ses lois une restriction sur l'application et sur l'appréciation de laquelle la minorité n'est elle-même pas d'accord?

On ne pouvait, en vérité, invoquer la nouveauté des législations, car la SUISSE, notamment, avant 1883, n'avait pas de loi fédérale. Elle n'a donc pu adopter comme un progrès ce dont elle n'avait jamais auparavant essayé l'application.

Qui ne sent que les dispositions de la loi monégasque se ressentent de l'influence puissante d'un intéressé spécial, le seul que la loi pouvait avoir pour effet d'atteindre dans ce minuscule pays?

L'ALLEMAGNE, avant la création de l'empire prussien, était un véritable dédale législatif. L'article restrictif que nous visons et que contient la loi de 1875 a pu être une satisfaction donnée à une moyenne des différents États englobés, mais rien ne nous dit que cet article ne disparaîtra pas sous le poids de son inégalité choquante, si l'Allemagne vient à réviser sa loi intérieure. Déjà, la convention franco-allemande de 1883, dont nous parlerons tout à l'heure, est muette sur la réserve, même facultative, du droit d'exécution publique.

Enfin l'ANGLETERRE a si bien compris qu'elle pouvait ruiner le compositeur, qu'elle a voulu lui assurer un recours éventuel contre l'éditeur ou le titulaire du droit d'édition ou de reproduction qui ne satisferait pas à l'inscription de la mention de réserve du droit d'exécution publique, quand cette inscription serait du goût de l'auteur.

Mais c'était encore mettre les intérêts en bataille. Et cette loi soi-disant protectrice est devenue inutile, parce que inappliquée; les auteurs et les éditeurs se sont arrangés entre eux. Seuls, les directeurs anglais en ont profité et ils peuvent jouer ce qu'ils veulent, réaliser des recettes superbes, en un mot, exploiter des œuvres qui ne leur appartiennent pas, en droit, sans que l'auteur puisse jamais leur rien réclamer.

Est-bien cela qu'ont voulu les auteurs de la Convention? Ont-ils pensé qu'une pareille situation devait être généralisée pour le plus grand bien des compositeurs de musique? Ou bien ont-ils entrevu dans cette disposition spéciale du paragraphe final de l'article 9 des avantages, soit commerciaux, soit artistiques, qui avaient échappé à la prévoyance des législateurs des pays, en majorité contraires à cet article?

Examinons donc la situation faite par l'article 9 ou par toute disposition législative équivalente, aux compositeurs de musique et à leurs éditeurs :

En ANGLETERRE, les compositeurs et les éditeurs semblent s'être totalement mis d'accord sur ce point que : mieux valait supprimer complètement toute mention à réserve d'un droit quelconque, et imprimer, au contraire, sur les compositions musicales, qu'elles peuvent être exécutées partout, sans aucune restriction. Et alors, éditeurs et auteurs se partagent le produit de la vente ; parfois, l'éditeur désintéresse d'un seul coup le compositeur et reste unique bénéficiaire du produit de l'œuvre ; cela se voit fréquemment en Allemagne.

On a vu des œuvres payées 50 francs une fois pour toutes au compositeur rapporter mille fois plus à l'éditeur. On a vu et on voit encore, le plus souvent, des compositeurs débutants donner leurs œuvres pour rien, pour la gloire, et assister au succès pécuniaire de leur éditeur sans aucun espoir de profit.

Un compositeur coté, enfin, après quelques années de lutte ou de misère peut imposer à peu près ce qu'il veut à l'éditeur, mais il y en a comme cela de cinq à six sur cent. Les autres subissent la volonté de l'éditeur, ou végètent, ou ne font plus de la musique qu'un accessoire. Les partages ou royaltys, comme on dit en Angleterre, varient selon la notoriété du compositeur. Tel aura 5 0/0 du produit de la vente, tel autre 10 ou 15 ou 20 0/0. Parfois le partage se fera par moitié entre l'éditeur et le compositeur, déduction faite des frais d'édition ; mais déjà il faut être un personnage pour en arriver là.

Donc, pas de droits d'auteur. Partage du produit commercial, mais exploitation publique et gratuite par tout le monde. Il y a là un facteur laissé complètement en dehors de la combinaison : c'est le directeur de théâtre ou de concert à qui on aura donné l'œuvre pour rien, pour l'inciter à la jouer afin que le public la connaisse et l'achète, ce qui aura parfois amené de belles recettes à ce directeur, sans bourse délier envers l'auteur. Notez qu'une œuvre plaisant au directeur peut figurer un mois durant sur ses programmes sans que le public s'en passionne. Telle autre œuvre ne réussira que médiocrement dans les concerts publics, néanmoins elle aura figuré pendant quelque temps sur les programmes de beaucoup d'établissements. Mais que le public soit content ou non, le compositeur ne touche rien du directeur : il aura sa *royalty* si l'éditeur lui en a assuré une.

Est-il besoin de faire ressortir l'injustice criante qui résulte de l'inégalité ainsi créée entre un amateur achetant un morceau de musique 2 fr. 50 pour son usage personnel, non public, et un directeur payant le morceau le même prix, le recevant pour rien le plus souvent, et s'en constituant des bénéfices considérables sans que l'auteur, voire l'éditeur, entrent pour rien dans le partage de ces bénéfices?

Cet état, restreint aux auteurs nationaux, n'aurait de réels inconvénients que pour eux ; mais la Convention de Berne a élargi le cercle des intéressés en ne faisant plus aucune distinction et en frappant les compositeurs de tous les pays de l'Union.

Or, voyez la différence immédiate faite à l'auteur français, ou italien, ou belge, ou espagnol. Il n'a pas, chez lui, la *royalty*, puisqu'il tire sa rémunération : 1° du prix ferme — souvent modeste — que lui paie son éditeur, (encore ce dernier refuse-t-il souvent un paiement, ou le réduit-il en faisant valoir les droits d'auteur que donnera l'exécution publique); 2° des droits que lui rapporteront les exécutions publiques de son œuvre. Eh bien ! que son œuvre, à cet auteur, passe en Angleterre ou en Allemagne. Comme le directeur, en général, n'est assujetti à aucun paiement, puisque toutes les œuvres portent licence absolue, il commencera par refuser une œuvre, laquelle, par sa réserve, offre un danger de paiement. Mais qu'il la prenne ? Il faudra, le plus souvent, lui faire un procès, car il ne paiera que contraint ou forcé. Enfin, que l'éditeur français ou autre, lassé de cette position gênante, supprime la mention restrictive ? Voilà notre auteur aussi peu avancé, puisque, par ce fait, c'est le domaine public qui s'empare de son œuvre.

La Convention de Berne a donc créé, par son article 9, entre les éditeurs des pays de l'Union, un état de concurrence dont l'auteur paie seul les frais !

Et qu'il ne soit pas dit que les éditeurs ne se refusent jamais à insérer la mention ? Pour les œuvres dramatiques, oui; pour les œuvres dramatico-lyriques, oui encore; mais pour les compositions musicales, non !

Une Société puissante de perception a été à la veille d'intenter une action à un gros éditeur qui ne voulait pas imprimer la mention parce que cela gênait l'écoulement de sa musique. Eh bien ! les compositeurs des œuvres sur lesquelles la mention avait été omise venaient supplier qu'on ne fit pas de procès parce que l'éditeur en question les menaçait de ne plus rien leur éditer et qu'ils préféraient perdre leurs droits à l'étranger que de se fâcher avec leur puissant protecteur.

N'est-il pas pitoyable qu'une disposition légale *protectrice* produise un pareil résultat !

Comme il a été dit aux congrès de Venise en 1888 et de Paris en 1889, ainsi qu'à la conférence de Berne de 1889, il est impossible de concilier les intérêts mis en cause. Si l'éditeur veut vendre au public, il faut qu'il sacrifie le droit d'exécution en supprimant la mention. Si, au contraire, scrupuleux du droit de l'auteur, il insère la mention, il est en état d'infériorité absolue à l'égard des autres éditeurs concurrents qui n'insèrent aucune réserve; il vend moins sa musique, ou celle-ci court le risque de ne pas être exécutée.

Donc, quoi qu'il arrive, le compositeur est atteint, dans ses intérêts et parfois ceux de l'éditeur sont compromis.

**

Le danger serait moindre pour les pays de l'Union non dotés d'une disposition restrictive, si les conventions particulières conclues entre eux devaient subsister à la Convention de Berne. Il ne semble pas devoir, malheureusement, en être ainsi ; déjà des dénonciations se sont produites qui ont eu pour résultat de faire tomber les compositeurs des pays dénonciateurs sous le plein effet de l'article 9 de la Convention de Berne.

Un rapide examen permettra de mesurer l'étendue du désastre qui s'abattrait sur les compositeurs français, par exemple, quant à leurs droits internationaux, si les conventions particulières conclues par la France avec les principaux pays de l'Union venaient à être dénoncées.

1. — La convention franco-espagnole, du 16 juin 1880, stipule que les auteurs qui justifieront de leurs droits de propriété, conformément à la législation respective des deux Etats contractants, jouiront, sous cette seule condition, *et sans autres formalités*, de la protection due aux nationaux.

2. — La convention franco-belge du 31 octobre 1881 dit, article 4 : « Les stipulations de l'article 1er (traitement des nationaux « réciproquement assuré) s'appliqueront également à la représen- « tation ou à l'*exécution* des œuvres dramatiques ou *musicales* « publiées ou représentées pour la première fois dans l'un des « deux pays après le 12 mai 1854.

« Le droit des auteurs dramatiques ou compositeurs sera perçu « d'après les bases qui seront arrêtées entre les parties intéres- « sées. »

3. — La convention franco-italienne du 9 juillet 1884 stipule une formalité de déclaration par l'auteur qu'il entend se réserver les droits qui lui appartiennent, déclaration faite aux bureaux compétents, mais qui ne contraint l'auteur à aucune mention sur son œuvre.

Hâtons-nous d'ajouter que l'article 2 qui contient cette disposition se termine ainsi: « Il est, d'ailleurs, bien entendu que l'ac- « complissement de la formalité dont il est fait mention au para- « graphe précédent est PUREMENT FACULTATIF, et que son omis- « sion ne préjudicierait en rien aux droits résultant pour l'auteur « français de la présente convention. »

Il apparaît là que la France, au cours des négociations, a senti la nécessité d'identifier la Convention à la législation française, pour ses nationaux, en les soustrayant à toute formalité non usitée en pays français.

Encore ne doit-on pas perdre de vue ce que nous avons dit plus haut sur la législation intérieure italienne, en ce qui a trait aux formalités imposées à tous les auteurs italiens sans distinction, formalités nullement portées à la connaissance du public par une mention quelconque.

4. — La Convention franco-suisse du 23 février 1882 est, dans ses effets, plus remarquable encore si on la compare à la loi fédérale suisse, si restrictive, de 1883.

Cette Convention assure des avantages considérables aux auteurs français en Suisse (et réciproquement) par l'application des lois de leur pays et n'impose aucune formalité, aucune réserve, pour la protection du droit des auteurs : plus d'exécution publique, malgré l'auteur, sous l'offre d'un 2 0/0 ; plus d'exception en faveur des séances dites de bienfaisance, des Sociétés d'émulation, ou des particuliers organisant des représentations ou des exécutions soi-disant sans but de lucre.

Application pure et simple du principe de l'autorisation préalable de l'auteur sans réserve inscrite, sans mention spéciale !

Ici encore il est patent que, comme pour l'Italie, la France a entendu ramener la convention aux termes de sa législation en soustrayant les auteurs français à des formalités qui leur sont inconnues chez eux.

5. — L'exemple de l'Allemagne est encore plus probant. Ce pays, dont la législation frappe les compositions musicales d'un mauvais traitement spécial, conclut avec la France, le 19 avril 1883, une convention qui supprime toute exception à la charge des compositeurs.

Mieux que cela, l'article 4 interdit la reproduction de compositions musicales dans les recueils destinés aux écoles sans l'autorisation de l'auteur, et l'article 6 subordonne à la même autorisation préalable la possibilité de faire aucun arrangement.

L'article 8 est non moins tutélaire :

« Les stipulations de l'article 1er (Réciprocité de protection aux « nationaux) s'appliqueront également à l'exécution publique des « œuvres musicales. »

Encore une fois nous constatons là cette préoccupation constante du négociateur français d'épargner à ses nationaux des formalités auxquelles, par tempérament, ils répugnent absolument.

Est-il présomptueux de penser que pareille préoccupation a dû hanter l'esprit des négociateurs des pays affranchis, comme la France, de ces formalités ?

Pourquoi donc, alors, faire subir à ces pays une disposition si notoirement contraire à leurs principes législatifs comme à leurs actes diplomatiques antérieurs à la Convention de Berne ?

C'est un regrettable recul qui fait subir aux compositeurs de musique un préjudice inouï, car tous les pays de l'Union ne débitent pas leur musique dans des conditions identiques.

En Angleterre, par exemple, pays de « royaltys », l'habitude d'acheter ce qu'il entend et ce qui lui plaît domine absolument le public ; aussi la vente d'un morceau à succès atteint-elle des proportions inconnues dans les autres pays, en raison de sa vulgarisation dans les colonies les plus vastes et les plus peuplées du monde.

Telle œuvre sans aucune importance ni grande valeur musicale au fond, mais qui aura plu au public, se vendra dès les premiers temps de sa publication cent fois plus qu'une œuvre semblable et accueillie avec la même faveur en Espagne, en Belgique, en France et en Italie, où un pareil résultat ne pourrait s'obtenir, même en plusieurs années.

Cette raison est la seule qui fait qu'en Angleterre les compositeurs, surtout les compositeurs arrivés, ont volontiers abandonné l'exercice, encombré de formalités, de leur droit d'auteur, pour adopter l'usage beaucoup plus simple mais réellement fructueux chez eux de la « royalty ».

***

Enfin, ce malencontreux paragraphe final de l'article 9 de la Convention de Berne exproprie non seulement de son droit le compositeur de musique — ce que ne justifient ni les contradictions ni les équivoques des législations que nous avons examinées — mais encore il est en contradiction formelle avec les dispositions du deuxième paragraphe de l'article 2 de la Convention, lequel subordonne la protection à accorder aux œuvres des auteurs des pays de l'Union au seul accomplissement des formalités prescrites par les pays d'origine.

Et cette anomalie n'a pas laissé de frapper la Conférence de Berne de 1889, car nous voyons qu'à la suite d'une intéressante discussion sur le paragraphe final qui nous occupe elle a adopté à l'unanimité la proposition suivante :

« L'article 2 de la Convention de Berne n'imposant pour la ga-
« rantie du droit des auteurs que l'accomplissement des formalités
« prescrites par la législation des pays d'origine, il est désirable
« que la conférence diplomatique supprime la seconde partie du
« paragraphe 3 de l'article 9 qui, en imposant la formalité d'une
« mention d'interdiction en tête des œuvres musicales, semble en
« contradiction avec les dispositions du paragraphe 2 de l'ar-
« ticle 2. »

Déjà, en 1888, le congrès de l'Association littéraire et artistique internationale, tenu à Venise, avait adopté une déclaration ainsi conçue :

« L'obligation imposée par la Convention de Berne (articles 7
« et 9) aux auteurs d'articles insérés dans les journaux ou recueils
« périodiques d'en interdire la reproduction, ou aux auteurs d'œu-
« vres musicales publiées de déclarer, sur le titre et en tête de
« l'ouvrage, leur intention d'en interdire l'exécution publique, est
« incompatible avec le droit de propriété appartenant à l'auteur. »

L'année suivante, le Congrès de la propriété artistique, tenu à Paris, frappé, comme le Congrès de Venise, des graves inconvénients du paragraphe 3 de l'article 9, vota la résolution suivante, dans le n° X de ses résolutions :

« Les artistes de tous pays doivent être assimilés aux artistes
« nationaux et jouir du bénéfice des lois nationales pour la repro-
« duction, la représentation et l'exécution de leurs œuvres.

« Bien qu'il soit désirable de voir s'établir, entre les différents
« pays, une convention unique, il est d'un haut intérêt que, jus-
« que-là, les traités particuliers soient maintenus en ce qu'ils ont
« de plus favorable que la Convention de Berne en 1886 et que les
« législations antérieures.

« Il est à désirer que les conventions artistiques soient indé-
« pendantes des traités de commerce.

« Il est à désirer également que les conventions internationales
« s'appliquent non seulement aux œuvres postérieures, mais en-
« core aux œuvres antérieures à la signature de la Convention.

« Spécialement en ce qui touche la Convention de Berne de 1886,
« il conviendrait de faire disparaître le paragraphe 3 de l'article 9,
« aux termes duquel les œuvres musicales ne sont protégées que
« si l'auteur a expressément déclaré sur le titre ou en tête de l'ou-
« vrage, qu'il en interdit l'exécution publique. »

* *
*

Il nous sera permis, pour terminer ce rapide aperçu, de faire
ressortir que le texte même du paragraphe final de l'article 9
est une *aggravation* aux dispositions législatives des pays qui
imposent une réserve à inscrire sur les compositions musicales.
La preuve en est facile à faire en peu de mots :

1. — La loi allemande dit « que les œuvres exclusivement mu-
« sicales peuvent être exécutées publiquement sans le consente-
« ment de l'auteur, si ce dernier *ne s'est pas réservé* le droit
« d'exécution publique ».

2. — La loi anglaise impose au compositeur « un avis qu'il en-
« tend *conserver* son droit exclusif de représentation ».

3. — La loi monégasque stipule « qu'on ne pourra exécuter
« qu'avec le consentement de l'auteur les œuvres musicales pu-
« bliées *avec réserve expresse* des droits de l'auteur ».

4. — La loi suisse dit « que l'auteur peut faire dépendre l'exé-
« cution *de conditions* qui, le cas échéant, doivent être publiées
« en tête de l'œuvre ».

5. — La loi luxembourgeoise établit « que l'auteur d'une œuvre
« publiée *peut se réserver* le droit d'en autoriser l'exécution
« publique en le mentionnant, à la suite de son nom, sur
« l'œuvre. »

On le voit, rien de comminatoire dans ces dispositions. Une
certaine élasticité préside, au contraire, à leur rédaction. A leur
opposé, l'article 9 de la Convention de Berne est terriblement absolu : il *exige* que l'auteur déclare sur le titre ou en tête de
ses œuvres musicales **qu'il en interdit** *l'exécution publique!*

Ce qui n'était qu'une réserve, même adoucie dans ses formes
diverses, devient, dans la Convention protectrice, une interdiction
d'allure draconienne. Or, si le compositeur l'emploie, elle est, pour
le public, plus un épouvantail qu'une sauvegarde. Eût-il acheté
l'œuvre, le public ne se croira jamais en droit de l'exécuter, car
l'auteur l'a déclaré une fois pour toutes, et c'est imprimé : « L'exécution publique en est interdite. »

Au moins dans les lois que nous citons la réserve peut encore passer, en faveur de l'auteur, pour une faculté d'intervention à son gré, pour un droit d'user ou de n'user pas de cette faculté. La Convention de Berne ne laisse pas le choix : elle interdit.

En vain, l'auteur pourra regretter d'avoir laissé circuler son œuvre avec cettte mention redoutable : *L'exécution publique en est interdite,* c'est fatal ! Jamais le public ne voudra croire le contraire de ce qu'il lit sur le titre de l'œuvre, et, s'il l'a achetée, il ne l'exécutera pas, ou, s'il ne l'a pas encore achetée, il y renoncera.

Nous en appelons aux législateurs de la Convention de Berne eux-mêmes. Est-il rationnel qu'ils aient voulu consacrer en la généralisant une exception aussi choquante ?

Y avait-il pour eux une raison, une seule, de vouloir faire admettre que la musique est, dans la propriété artistique, une branche moins complète, moins respectable, moins sacrée que ses congénères ? Nous ne pouvons le penser un seul instant.

*_**

Cette nouvelle manière de voir renverse toutes les vérités admises. Neuf déesses, depuis l'antiquité, présidaient aux arts libéraux ; une religion s'établit qui n'en admet plus que huit : Euterpe est frappée d'ostracisme et Apollon ne sera plus représenté que dirigeant huit muses ! Que de chefs-d'œuvre à refaire qui en ont représenté neuf. Une d'elles n'existait pas : la Musique !

C'est en vain que les Bach, les Gluck, les Haydn, les Mozart, les Beethoven ont étonné et charmé le monde ; c'est pour rien qu'après eux maints compositeurs ont, par leur génie, porté aux quatre coins de l'univers la renommée de leur patrie : la musique est mise à l'index.

La Convention de Berne la classe dans les choses avilies que l'on peut se procurer sans obligation onéreuse d'aucune sorte ! Un compositeur ? Ça n'existe pas ! On n'a que faire de son opinion ou de sa volonté !

Vous devez tout respecter et ne rien prendre, sauf la musique ! Vous ne pouvez ni ne devez préjudicier à personne, sauf au compositeur de musique : c'est la doctrine fin de siècle en matière de propriété artistique !

La vérité, longtemps voilée aux mortels, leur est apparue enfin grâce à l'article 9 de la Convention de Berne. Selon cet article protecteur à outrance, la musique, à laquelle tous les peuples ont élevé des temples, lui attribuant une origine céleste, que les dieux ne dédaignaient pas de voir présider à leurs divertissements, ne serait plus, dans son essence, dans son essor comme dans ses géniales et admirables manifestations, une propriété aussi intéressante, aussi noble et aussi respectable que toutes les autres propriétés !

Nous ne saurions trop nous élever contre de telles tendances et nous ne pourrons jamais trop protester contre une pareille atteinte portée aux intérêts comme aux droits des compositeurs de musique.

En outre, la contradiction manifeste qui existe entre le paragra-

phe 2 de l'article 2 et le paragraphe 3 de l'article 9 de la Convention
de Berne doit disparaître, et nous n'hésitons pas à proposer au
Congrès de sanctionner nos observations en prenant en considération la résolution suivante que nous avons l'honneur de lui sou-
mettre :

PROPOSITION

*Il n'y a pas lieu d'obliger le compositeur de musique à indi-
quer, par une mention quelconque sur ses œuvres, qu'il en interdit l'exécution publique.*

*En conséquence, il y a lieu d'exprimer le vœu que le paragra-
phe final de l'article 9 de la Convention de Berne, qui est en contradiction avec les dispositions du paragraphe 2 de l'article 2,
soit supprimé.*

VICTOR SOUCHON.

1285 — Paris, Imp. J. Kugelmann, 12, rue de la Grange-Batelière.

ASSOCIATION LITTÉRAIRE ET ARTISTIQUE

INTERNATIONALE

(12e session)

Siège social : 17, rue du Faubourg-Montmartre, PARIS

CONGRÈS DE LONDRES
4-11 Octobre 1890

DE LA REPRODUCTION DES ŒUVRES MUSICALES PAR LES PROCÉDÉS MÉCANIQUES

RAPPORT DE M. HENRI LEVÊQUE
Agent international de la propriété artistique et littéraire.

La question se pose ainsi :

« Doit-on étendre indistinctement à tous les instruments ser-
« vant à reproduire mécaniquement les airs de musique la stipu-
« lation du paragraphe 3 du protocole de clôture de la Convention
« de Berne, et particulièrement aux accessoires mobiles (cartons
« perforés, bandes ou disques) au moyen desquels un seul instru-
« ment peut exécuter tout le répertoire musical connu ? » (1)

Nous n'avons pas à revenir dans ce rapport — d'éminents jurisconsultes ayant depuis longtemps élucidé la question (2) — sur

---

(1) Le paragraphe 3 du protocole de clôture de la Convention de Berne
stipule ce qui suit :
« Il est entendu que la fabrication et la vente des instruments servant
« à reproduire mécaniquement des airs de musique empruntés au do-
« maine privé ne sont pas considérées comme constituant le délit de
« contrefaçon. »
(2) Voir Pouillet : *Traité théorique et pratique de la propriété littéraire et artistique*, n° 562 ; Darras : *Du droit des auteurs et des artistes
dans les rapports internationaux*, nos 70 et 379.

l'atteinte qui fut portée au droit des auteurs par une loi et par des traités de commerce antérieurs à la Convention de Berne, sacrifiant à des considérations d'intérêt industriel et commercial le principe de la propriété intellectuelle.

Nous n'insisterons pas non plus sur la sanction donnée par la Convention de Berne elle-même à cette violation du droit.

Mais, tout en nous inclinant — bien à regret, il est vrai — devant le fait acquis; tout en admettant que le moment n'est pas venu de remettre en discussion une question qui a été réglée par des conventions particulières d'abord, par certaines lois internes ensuite, enfin par la Convention de Berne, nous considérons qu'il est de notre devoir de rechercher quelle est la portée que les signataires des différentes conventions et les instigateurs des lois spéciales sur la matière ont entendu donner à la stipulation dont l'étude fait l'objet de notre rapport.

Cette recherche nous amènera à démontrer que l'on n'a jamais prétendu mettre à l'abri des revendications des auteurs tous les instruments mécaniques, sans distinction de genre, mais que, bien au contraire, la tolérance accordée se limitait à une catégorie d'instruments déterminée.

Pour arriver à notre but, nous allons étudier séparément les trois points suivants :

a) Les législations intérieures des pays faisant partie de l'Union de Berne, en ce qui a trait au droit de reproduction.

b) Les origines de la mention restrictive du protocole de clôture de la Convention de Berne.

c) Les raisons qui s'opposent à l'extension de la stipulation du paragraphe 3 à tous les instruments mécaniques, indistinctement, et particulièrement aux accessoires mobiles, indépendants de l'instrument, mais indispensables à son fonctionnement.

A (1)

En Allemagne, la loi impériale du 11 juin 1870 dit, dans son article premier :

« Le droit de reproduire un écrit par des procédés mécaniques « appartient exclusivement à l'auteur de cet écrit. »

Dans son article 4 :

« Toute reproduction d'un écrit par des procédés mécaniques, « faite sans le consentement de l'ayant droit, est qualifiée de contrefaçon et est interdite. »

---

(1) Voir, pour les différents textes cités ci-après, l'excellent recueil des *Lois françaises et étrangères sur la propriété littéraire et artistique,* par MM. Charles Lyon-Caen et Paul Delalain.

Dans l'article 45, il est stipulé que les dispositions de l'article premier et de l'article 4 sont applicables au droit d'auteur sur des compositions musicales.

La loi belge du 22 mars 1886, dans son article premier, stipule formellement :

« L'auteur d'une œuvre littéraire ou artistique a seul le droit de « la reproduire ou d'en autoriser la reproduction, de quelque ma- « nière et sous quelque forme que ce soit. »

Dans la loi espagnole du 10 janvier 1879, article 7, nous lisons :

« Nul ne pourra reproduire les œuvres d'autrui sans la permis- « sion de leur propriétaire.

« S'il s'agit d'une œuvre musicale, la prohibition s'étendra éga- « lement à la publication totale ou partielle des mélodies, avec ou « sans accompagnement, transposées ou arrangées pour d'autres « instruments, ou avec des paroles différentes, ou enfin sous toute « autre forme qui ne soit pas celle de la publication faite par l'au- « teur. »

Dans le grand-duché de Luxembourg, la résolution fédérale du 9 novembre 1887 assure la protection, à partir de sa publication, de toute production littéraire ou œuvre d'art, contre la contrefaçon ou toute autre multiplication illicite par un moyen mécanique.

La loi haïtienne du 8 octobre 1885, article 5, garantit aux auteurs de livres, brochures, écrits de toute nature, œuvres dramatiques de tout genre, compositions musicales, etc., le droit exclusif de vendre leurs ouvrages, d'en céder la propriété en tout ou en partie, en employant les procédés appropriés à la reproduction de chaque catégorie d'ouvrages.

Les lois anglaises, qui sont d'ailleurs peu explicites sur la question du droit de reproduction, ne déterminent aucune tolérance en faveur de tel ou tel mode de reproduction.

En France, la loi spéciale du 16 mai 1866, à l'encontre de la loi du 19 juillet 1793, stipule, dans son article unique :

« La fabrication et la vente des instruments servant à reproduire « mécaniquement des airs de musique qui sont du domaine privé « ne constituent pas le fait de contrefaçon musicale. »

Cet article est à peu près textuellement répété dans la convention franco-suisse du 23 février 1882, conclue en renouvellement de celle du 30 juin 1864.

En Suisse, la loi fédérale du 23 avril 1883, article 11, dit :

« Ne constituent pas une violation du droit d'auteur :

« ...La reproduction des compositions musicales par les boîtes à « musique et autres instruments analogues. »

Le décret italien du 19 septembre 1882, approuvant le texte unique des lois concernant les droits appartenant aux auteurs des œuvres de l'esprit, stipule, dans son article 2 :

« Sont assimilés à la publication réservée à l'auteur d'une « œuvre :

« ...L'impression, ou tout autre mode semblable de publication, « des œuvres ou compositions de nature à être représentées pu- « bliquement. »

Article 3 :

« Sont assimilés à la reproduction réservée à l'auteur :

« ...La réduction pour divers instruments, les extraits et les « adaptations d'œuvres musicales ou d'une partie de ces œuvres. »

Mais, aux termes d'une convention conclue entre l'Italie et la Suisse, le 22 juillet 1868 :

« La reproduction des airs musicaux au moyen de boîtes à mu- « sique ou instruments à musique est autorisée ; la fabrication et « la vente de ces instruments ne peuvent être soumises entre les « deux pays à aucune restriction ni réserve. »

L'ordonnance souveraine monégasque du 27 février 1889 reprend à peu près littéralement, dans son article 17, § 3, le texte de la convention franco-suisse.

De même, la loi tunisienne du 15 juin 1889 s'approprie à son tour ce texte, purement et simplement.

Il résulte donc de l'examen des lois internes, que :

1° L'ALLEMAGNE, la BELGIQUE, l'ESPAGNE, le GRAND-DUCHÉ DE LUXEMBOURG et HAÏTI assurent formellement à l'auteur, sans aucune restriction ni réserve, la jouissance de son droit de reproduction.

La LOI ANGLAISE ne stipule aucune tolérance en faveur d'un système quelconque de reproduction.

Seule, la Convention de Berne est venue modifier cet état de choses, superficiellement il est vrai, puisque les législations intérieures peuvent réserver aux auteurs des droits plus étendus que ceux, *minima*, qui leur sont reconnus par la Convention.

2° En ITALIE, la loi est aussi formelle, mais il existe un traité de commerce, conclu avec la Suisse, assurant réciproquement aux deux pays la faculté de fabriquer et vendre des instruments mécaniques.

3° En FRANCE, en SUISSE, en TUNISIE, dans la principauté de MONACO, l'exception en faveur des instruments mécaniques a été réglée législativement.

B

Il n'y a pas lieu de nous arrêter aux lois tunisienne et monégasque ; elles ne sont autre chose, ayant été obtenues grâce à l'influence française, que des dérivés de la législation française.

Nous nous bornerons donc à examiner la situation respective de la France et de la Suisse, de l'Italie et de la Suisse.

Si, dans la convention franco-suisse de 1864, il a été introduit un article spécial, qui a servi de précédent pour les conventions et les lois postérieures, visant les boîtes à musique et les instruments analogues, il faut attribuer aux instances de la Suisse l'introduction de cette stipulation (1).

Il y avait là, pour la Suisse, un intérêt commercial très important.

C'est assurément en échange d'une concession équivalente, portant sur une autre branche de commerce ou d'industrie, que la France fut amenée à accepter cette stipulation.

Mais il devenait alors nécessaire de ne pas laisser les fabricants français dans une situation d'infériorité vis-à-vis de leurs concurrents suisses et de faire de cette restriction au principe du droit d'auteur, l'objet d'une loi spéciale, d'ordre purement intérieur.

C'est ce qui explique l'adoption de la loi de 1866, malgré les sérieuses résistances qu'elle rencontra.

Mérimée, lors de la discussion au Sénat, émit des arguments que l'on devrait pouvoir, encore aujourd'hui, opposer victorieusement aux industriels qui, sans aucun droit réel, voudraient se réclamer de la Convention de Berne, ou des conventions particulières, ou de certaines législations intérieures.

« Sans doute, disait-il, au premier aspect, on hésite à assimiler
« une pointe de fer avec une note écrite ou gravée sur du papier
« réglé. Mais comment se disposent ces pointes ? Ne sont-elles pas
« la transcription ou, si l'on veut, la traduction d'une musique
« écrite selon la méthode ordinaire ? Les ouvriers qui fichent les
« pointes ou les chevilles ne se guident-ils pas par les notes
« écrites ? »

L'évidence des raisons fournies par Mérimée n'empêcha pas le Sénat, après le Corps législatif, de voter cette loi ; elle était devenue nécessaire car, ainsi que nous l'avons dit plus haut, la concession faite aux intérêts d'un pays ami avait rendu nos propres industriels victimes de la mesure prise.

De cette façon, les auteurs, seuls, faisaient les frais de la transaction commerciale.

Deux ans plus tard, le 22 juillet 1868, pour des raisons d'ordre

---

(1) Voir d'Orelli : *La loi fédérale concernant les droits de l'auteur sur ses œuvres littéraires et artistiques.*

purement commercial également. l'Italie entrait dans la même voie et passait avec la Suisse un traité de commerce calqué sur celui déjà conclu par ce dernier pays avec la France (1).

« La fabrication des instruments servant à reproduire mécaniquement des airs de musique », ainsi que disaient la convention franco-suisse et la loi française du 16 mai 1866 ; « la reproduction des airs musicaux au moyen de boîtes à musique ou instruments à musique », ainsi que disait la convention italo-suisse de 1868, devenaient donc, par réciprocité, licites en France, en Italie et en Suisse.

Singulière anomalie : tandis qu'une partie du droit de l'auteur, le *droit de reproduction*, subissait cette atteinte, on condescendait à ne pas s'attaquer au *droit de représentation*, et la jurisprudence établissait que les exécutions publiques — au moyen de ces mêmes instruments pour la fabrication desquels le domaine privé est abandonné à tous venants — ne peuvent avoir lieu sans l'autorisation préalable...

Donc, en 1864, en 1866, en 1868, on créait un droit à côté du Droit, en faveur des instruments de musique mécaniques.

S'était-on attaché à prévoir les conséquences d'une telle mesure ?

N'eût-on pas dû, au moins, tenir compte des dangers que devait faire courir aux véritables intéressés, les auteurs, l'absence de désignations précises ?

Etait-il permis d'oublier que la fabrication des instruments mécaniques n'avait pas dit son dernier mot avec les montres à carillon, les boîtes à musique, les serinettes et les orgues de Barbarie ?

Assurément non, mais il est bien certain que l'on ne visait pas d'autres instruments que ceux existant au moment où intervenaient les conventions et la loi précitées.

Cependant, de par la Convention de 1864, précédent déplorable dont on n'a pas manqué de s'emparer par la suite, les compositeurs et leurs ayants droit sont de plus en plus lésés.

L'industrie des instruments mécaniques prend, chaque jour, une importance nouvelle, et les fabricants, qui ont intérêt à se prétendre assurés de l'impunité par un texte trop large et généralement mal compris, continuent à puiser à pleines mains dans le trésor mélodique du domaine privé.

Or, cela est incontestable, les textes que nous venons de rapprocher ont un sens limitatif.

Les conventions et les lois qui, successivement, ont abordé la question ont eu pour seul objectif le genre d'instruments connu des initiateurs de la première mesure prise : les orgues de Barbarie, les boîtes à musique et les instruments mécaniques rigoureusement analogues.

---

(1) Il est à remarquer qu'à cette époque l'industrie des boîtes à musique était presque exclusivement une industrie des Alpes et que ce sont les trois pays alpins — France, Italie et Suisse — qui ont fait des règlements sur la matière.

C'était déjà trop, puisque, au profit de leurs fabricants, on violait le principe du droit de propriété.

Il ne peut être admissible que cette faveur regrettable s'étende à des instruments d'invention récente, qui n'ont avec les précédents aucun point de ressemblance.

C

Pour prouver ce que nous avançons, nous allons examiner les anciens systèmes et les nouveaux.

Une boîte à musique, lorsqu'elle est mise dans la circulation, constitue un tout bien complet. Le cylindre sur lequel sont pointés les airs n'est susceptible de fournir qu'un nombre de morceaux limité. L'air exécuté ne peut être remplacé par un autre qu'au moyen d'un déclenchement qui change les points de contact entre les pointes du rouleau et la broche métallique qui fournit les notes.

L'acheteur d'une boîte à musique sait fort bien qu'il acquiert seulement le moyen de se faire exécuter mécaniquement les morceaux figurant au carton-programme fixé dans l'intérieur de la boîte.

De même pour l'orgue de Barbarie: il n'est construit que pour exécuter un certain nombre d'airs déterminé.

Il n'en est pas de même pour tous les instruments nouveaux qui, par leur bon marché et, surtout, par l'illimitation de leur reproduction, tendent à supplanter ceux dont nous venons de parler.

Quel que soit le nom dont on les baptise, leur construction, sauf de légères différences, se résume à un système à peu près uniforme.

Nous ne pouvons mieux faire que d'emprunter aux rapports qui furent fournis par la commission des experts musicaux du royaume de Prusse, à l'occasion d'un procès intenté par-devant la première chambre de justice du Tribunal impérial, une description très claire, en même temps que très technique. (1).

« Les sons se produisent par l'application sur l'instrument, dont
« la caisse renferme des claviers rotatifs, de bandes ou de disques
« en carton perforé.

« Les leviers sont conduits par le mouvement rotatif vers les
« trous dont sont perforés les cartons, et, selon que les pointes de
« ces leviers y entrent ou n'y entrent pas, ils ouvrent ou ferment
« les trous en carton du jeu d'anches. Or, les trous sont taillés
« dans les cartons de la manière exigée par la suite et par la durée
« des sons.

---

(1) Voir le *Droit d'auteur*, 2e année, nos 9 et 10.

« Lorsque le carton est placé sur la caisse, tous les leviers sont
« couchés et restent ainsi jusqu'à ce que le mouvement rotatif
« amène un trou quelconque du carton au-dessus de la pointe d'un
« levier. Celle-ci pénètre dans le trou, le levier est soulevé, la voix
« à laquelle il conduit, résonne. Plus la pointe reste dans l'ouver-
« ture (c'est-à-dire plus l'ouverture est longue), plus le son dure. »

Si nous n'avons à notre disposition que la caisse de l'instrument,
sans les cartons perforés, cet instrument est donc condamné à
rester muet. Si, au contraire, nous voulons en tirer parti, il nous
suffira (après avoir consulté un catalogue comportant, *par milliers*, des morceaux de musique, que nous achèterons *au mètre*,
lorsqu'il s'agira de bandes) (1), de nous adresser à un marchand
quelconque qui nous vendra, pour un prix minime, autant de morceaux qu'il nous plaira de nous en faire exécuter par notre instrument.

Nous n'avons même pas à nous préoccuper de la possibilité d'a-
daptation à notre instrument des morceaux que nous aurons choi-
sis : tous s'adaptent, *même à des instruments similaires comme
principe de construction*, MAIS D'UN MÉCANISME ABSOLUMENT DIFFÉ-
RENT. Il y a des exemples.

Au fur et à mesure de *l'édition* par le fabricant de morceaux
*nouveaux, perforés postérieurement à la fabrication de l'ins-
trument*, nous pourrons augmenter notre bibliothèque musicale
de cartons.

N'est-ce pas là la preuve de l'indépendance complète de la
partition à exécuter, à l'égard de l'instrument servant à l'exécution ?

« La partie d'un instrument que vous changez ou enlevez à votre
« gré sans faire tort à l'ensemble, n'est pas une partie intégrante.
« On doit considérer comme des parties essentielles et intégran-
« tes d'un instrument celles qui doivent être continuellement et
« inséparablement liées à l'ensemble, sous peine de lui faire tort
« ou de le mettre hors de service, si elles venaient à manquer :
« telles sont les cordes, les marteaux, les touches et la table d'har-
« monie pour le piano ; le soufflet, le jeu, les leviers pour les instru-
« ments dont nous parlons ; les oculaires pour le stéréoscope, etc.
« De même que ni les feuilles de musique, ni les épreuves
« stéréoscopiques ne constituent de telles parties pour le piano
« ou pour le stéréoscope, quoiqu'elles doivent réunir certaines
« conditions spéciales pour assurer les effets de l'instrument au-
« quel elles sont appliquées, de même, les cartons perforés ne
« peuvent être envisagés comme des parties essentielles de l'ins-
« trument.
« On ne fait que poser ces cartons sur la caisse contenant le
« corps sonore ; ils sont échangeables et applicables à tout instru-
« ment de dimensions égales ; s'ils se détériorent, la caisse reste

---

(1) Certaines bandes mesurent un mètre, d'autres ont jusqu'à trente-
deux mètres.

« entièrement intacte et on remplace les cartons endommagés par
« de nouveaux ; ils peuvent donc être achetés à part et à des prix
« fixés pour eux seuls. »

C'est à dessein que nous nous sommes servi plus haut du mot
partition.

En effet, « les notes seules ne constituent pas l'écrit quand il
« s'agit de compositions musicales : l'annotation de la pensée mu-
« sicale ne se fait pas nécessairement par l'écriture sous forme de
« notes, mais peut se faire aussi par le moyen d'autres signes tels
« que lettres, chiffres, voire même de perforations plus ou moins
« grandes. Les notes sont aux signes figurant sur les cartons ce
« que l'écriture ordinaire est à l'écriture de Morse appliquée aux
« télégrammes.

« Plus les ouvertures sont longues, plus le son dure. Or, qui-
« conque connaît la suite indiquée des notes, ainsi que la signifi-
« cation de la position des trous perforés, peut, après un certain
« exercice, se faire parfaitement une idée du morceau que porte le
« carton, sans qu'il ait besoin d'étudier le mécanisme intérieur de
« l'instrument. En outre, il est facile de transcrire immédiatement
« les notes perforées en notes ordinaires. Il n'est même pas bien
« difficile pour un musicien de déchiffrer et de jouer directement
« au piano le morceau indiqué sur le carton. »

Donc, ce carton est une *partition* que l'on ne saurait confiner
dans son rôle d'accessoire exclusif d'instrument mécanique, puisque tout musicien expérimenté, pianiste, violoniste ou autre, après
une courte étude préalable, pourrait s'en servir pour exécuter l'air
qui s'y trouve noté, sur n'importe quel instrument.

Nous invoquerons, pour appuyer plus fortement encore notre
démonstration, l'exemple de l'un de ces instruments, qui, par lui-
même, ne produit aucun son. Il s'applique au clavier d'un piano et,
par des touches mises en mouvement au moyen d'une manivelle et
correspondant à chacune des notes du clavier, il fait exécuter par
le piano tous les morceaux notés par perforation sur les cartons
mis en contact avec son propre mécanisme.

Dans ce cas, c'est le piano lui-même qui est le corps sonore ;
l'instrument adapté devient un pianiste automatique qui jouera
tous les morceaux possibles pendant tout le temps qu'il sera mis
en mouvement et alimenté de cartons.

Les arguments que nous venons d'exposer démontreront, nous
l'espérons, l'impossibilité d'admettre que le paragraphe 3 du protocole de clôture de la Convention de Berne se rapporte à d'autres
instruments que ceux qui, mécaniquement, forment par eux-mêmes
un ensemble bien complet.

Dans tous les cas, quelle que soit la nature des instruments, les
cartons employés à leur fonctionnement ne sauraient être considérés comme en faisant partie intégrante et admis par eux-mêmes
au bénéfice de la disposition strictement exceptionnelle de la loi.
Ils doivent donc être assimilés à des éditions musicales au même
titre que celles obtenues par tous procédés quelconques de gravure
et d'impression.

Nous croyons pouvoir, sans témérité, affirmer que les signataires de la Convention, se bornant à reproduire le texte de la loi française et celui du traité franco-suisse, n'ont eu en vue que les instruments connus à l'époque où ces textes primitifs ont été élaborés.

En conséquence, nous proposons au Congrès de reprendre le vœu très clair et très précis présenté par M. Eugène Pouillet à la Conférence de Berne, et d'affirmer, par un nouveau vote unanime, la nécessité de reviser dans ce sens le texte de la Convention :

« *Il est à désirer que l'article 3 du protocole de clôture soit*
« *restreint aux boîtes à musique et aux orgues de Barbarie et ne*
« *soit pas indistinctement étendu à tous les instruments servant*
« *à reproduire mécaniquement les airs de musique.* »

HENRI LEVÊQUE.

Paris. — Imp. J. Kugelmann, 12, rue de la Grange-Batelière.

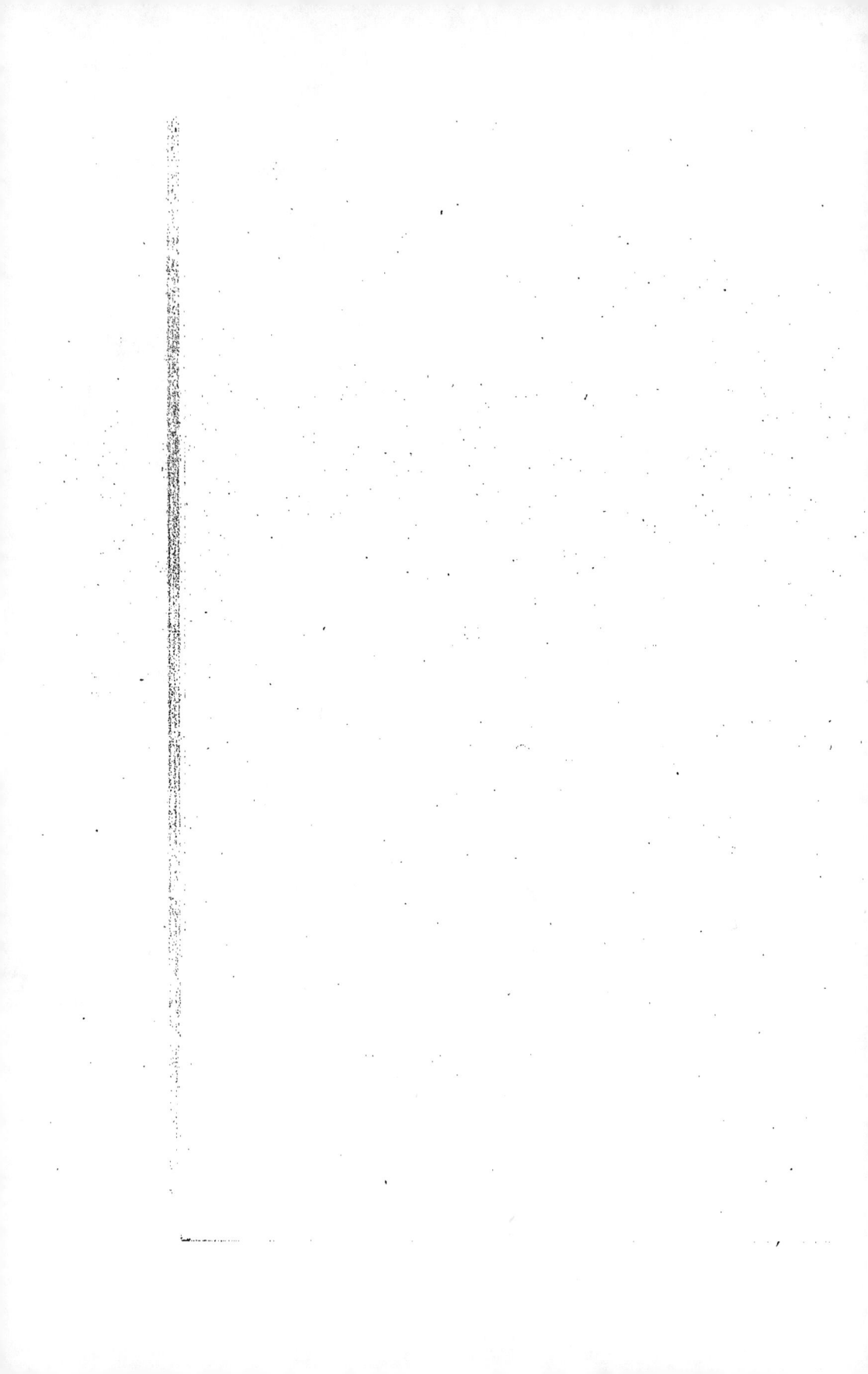

ASSOCIATION LITTÉRAIRE ET ARTISTIQUE

INTERNATIONALE

(12° session)

Siège social : 17, rue du Faubourg-Montmartre, PARIS

CONGRÈS DE LONDRES

4-11 Octobre 1890

DES CONVENTIONS PARTICULIÈRES INTERNATIONALES

RAPPORT DE M. LOUIS CATTREUX

La question du maintien des conventions internationales a été agitée dans plusieurs congrès, notamment à Madrid, en 1887. La même question a été reprise à Venise en 1888, à Paris en 1889 et à la deuxième conférence de Berne en octobre de la même année ; partout la solution affirmative s'est imposée.

Il semblait, au lendemain de la conclusion de l'Union de Berne, que les conventions particulières n'avaient plus de raison d'être et l'avis en a été exprimé de différentes manières. Cette tendance vers la suppression des conventions s'est immédiatement manifestée dans certains pays : l'Angleterre, l'Italie, la Suisse, dénoncèrent leurs conventions.

Des documents officiels échangés entre les différents pays déclarèrent que, « en présence de la Convention internationale de Berne

« pour la protection de la propriété artistique et littéraire, tout
« arrangement spécial est devenu inutile ».

Or, pareille déclaration constituait une erreur manifeste et elle
a produit des conséquences fâcheuses, en ce sens qu'elle a provoqué des dénonciations de conventions dans plusieurs pays. Cependant, d'après les auteurs de l'Union de Berne eux-mêmes, d'après
la déclaration formelle de son éminent président, M. Numa Droz,
« cet acte diplomatique constitue un minimum n'excluant aucun
« progrès et respectant les engagements particuliers dont la
« teneur est plus libérale pour les auteurs, et il en provoque même
« la conclusion, laissant à la législation de chaque pays le soin et
« la faculté de se développer ».

C'est ce langage si sage qu'il eût fallu écouter.

L'Union internationale de Berne de 1886 constitue assurément
le plus bel acte diplomatique qui ait été réalisé dans ce domaine ;
il réunit dans une même pensée de générosité et d'éclectisme un
certain nombre d'Etats qui déclarent « se constituer en état
« d'union pour la protection des droits des auteurs sur leurs
« œuvres littéraires ou artistiques », mais l'Union de Berne ne
fixe pas les principes qui servent de base à cet accord international. Elle se réfère absolument aux législations intérieures des différents pays ; de telle manière que, tout en se constituant en état
d'union pour la protection des droits d'auteur sur les œuvres littéraires ou artistiques, certains pays pourraient réduire leurs dispositions légales ou bien ils pourraient entourer la protection des droits
d'auteur de formalités ou d'actes de procédure dont la réalisation,
facile pour les nationaux, constituerait une entrave, une restriction,
une difficulté ou une quasi-impossibilité pour les étrangers

Ces mêmes Etats, sous l'influence d'idées rétrogrades, conséquences momentanées des fluctuations de la politique intérieure ou
de la pression d'intérêts particuliers, resteraient néanmoins dans
l'Union de Berne où ils pourraient, au surplus, arrêter tous les dé-
veloppements ou les améliorations quelconques, puisqu'aux
termes de l'article 17 aucun changement à la Convention n'est va-
lable que moyennant le consentement unanime des pays de
l'Union. Et, ainsi, non seulement aucun progrès ne serait réalisé,
mais nous aurions dans cette éventualité fait un immense pas en
arrière.

Le seul principe servant de base à l'Union de Berne est donc
l'assimilation au traitement des nationaux dans les différents
pays de l'Union.

C'est aussi la base des conventions particulières ; mais à ce
principe viennent se joindre d'autres principes qui ont aussi leur
importance. D'abord, ces traités constituent des contrats synallag-
matiques ne pouvant être réduits pendant toute la durée con-
tractuellement fixée. Ensuite, l'état de législation existant au moment de la conclusion du traité constitue un minimum qui ne peut
être réduit. Les pays contractants peuvent assurément modifier,

réduire, ou même supprimer leur législation sur le droit d'auteur, mais les modifications ou les effets restrictifs ne peuvent atteindre les étrangers qu'après l'expiration des conventions particulières : ce sont là des avantages considérables.

D'autre part, toute extension directe ou indirecte qui aurait été consentie au profit d'un Etat tiers est immédiatement étendue de plein droit aux autres Etats en vertu de la clause du traitement de la nation la plus favorisée, qui sert également de base aux conventions internationales.

Ce sont là des principes essentiellement importants qui ont exercé et qui exercent encore dans les différents pays une influence salutaire, qui permet de réaliser des progrès sérieux en mettant les droits d'auteur à l'abri des fluctuations politiques, économiques ou des influences électorales ou locales.

C'est ainsi que l'on a vu récemment, en Suisse, des auteurs français revendiquer leurs droits en s'appuyant non pas sur la Convention de Berne, mais bien sur la Convention franco-suisse. Ils obtinrent justice, mais les intéressés provoquèrent un mouvement dans la presse pour réclamer du Conseil fédéral la dénonciation du traité franco-suisse afin de s'en tenir exclusivement à la Convention de Berne, laquelle permet à la législation intérieure d'attenter aux droits d'auteur en les réduisant ou en les limitant d'une façon injuste et arbitraire, en les subordonnant, à peine de nullité, à certaines formalités inusitées, ce qui devait permettre de donner satisfaction à ces industriels parasites qui exploitent les auteurs et conduisent contre eux la campagne que nous venons de constater.

Ces faits démontrent à l'évidence que les conventions particulières assurent des garanties bien plus grandes que celles que nous offre à cet égard la Convention de Berne elle-même.

Les conventions particulières offrent donc les avantages suivants :

1º Application de la clause de la nation la plus favorisée ;

2º Stabilité pendant la durée des conventions ;

3º Minimum de droits garantis et extensions éventuelles.

On pourrait évidemment chercher à réaliser les mêmes avantages par la conclusion d'Unions restreintes, comme il en existe en matière postale.

A ce propos, il paraît utile de constater que l'expression « restreinte » semble impropre dans l'espèce ; c'est plutôt une union développée ou étendue sur certains points qu'une union restreinte proprement dite, car elle n'est restreinte que par le nombre des participants. On pourrait donc conclure des unions particulières ou spéciales constituant un progrès sur l'Union de Berne elle-même, formant ainsi un stimulant qui engagerait d'autres Etats à y adhérer successivement de manière à préparer, à faciliter les extensions prévues par la Convention mère elle-même. Nous ne pouvons, à cet égard, que nous en rapporter au judicieux rapport de notre collègue M. Henri Morel sur les *Unions restreintes* (n° 7 de l'ordre du jour du Congrès).

Mais, si les progrès peuvent être ainsi obtenus, ne vous semble-t-il pas qu'il soit plus facile de les réaliser par le maintien et le renouvellement des conventions particulières en cours ? Ces contrats ne sont en quelque sorte que des dispositions légales concomitantes avec l'Union de Berne. Elles ne lui font aucun tort; au contraire, elles contribuent à faciliter toutes les améliorations qui restent à réaliser.

En effet, il est infiniment plus simple de conclure un traité entre deux pays voisins. Les relations de voisinage amènent des rapports constants et agréables dont les diplomates habiles savent profiter pour obtenir des réformes et des progrès successifs dans les domaines intellectuel, industriel et commercial.

C'est ainsi que nous avons vu naguère les conventions particulières assurer, à chaque renouvellement, des progrès et des améliorations. On a constaté même, au cours des conventions, que l'on introduisait des déclarations qui étendaient dans une mesure considérable les droits consacrés dans les conventions elles-mêmes.

Nous avons même vu accorder aux deux pays contractants et d'une façon explicite, des avantages qui n'étaient pas encore accordés aux nationaux et constituer ainsi une situation plus avantageuse au profit des étrangers. C'est ce qui s'est vu en Belgique. Nous avons énergiquement invoqué ce fait pour réclamer les mêmes avantages pour les nationaux, et je crois pouvoir dire que, sans les conventions internationales ainsi faites, nous n'aurions pas obtenu la loi belge qui a marqué de notables progrès dans la législation positive de la propriété littéraire et artistique.

D'autre part, nous voyons des pays s'obstiner à rester en dehors de l'Union de Berne, et cependant ces pays ont des conventions littéraires et internationales conclues avec d'autres pays. Ces mêmes pays ont des législations précises en matière littéraire et artistique et pour eux les conventions littéraires seront des étapes, des stimulants salutaires qui ont l'avantage immense d'exister et d'être entrés dans la pratique. Il sera assurément simple et facile de les améliorer et de les étendre, à chaque renouvellement qui interviendra, pour amener ces pays, ce qui n'a pu être obtenu jusqu'ici, à adhérer à l'Union de Berne.

Notre Association a porté, partout, à travers l'Europe, la bonne parole en faveur de la reconnaissance de la propriété intellectuelle.

Comme le disait avec tant d'éloquence au Congrès d'Amsterdam notre éminent président M. Pouillet: « Nous sommes avant tout des « semeurs d'idées. Toute graine confiée à la terre ne germe pas; il « faut souvent s'y reprendre à plusieurs fois. Jetons la graine; « après avoir vainement attendu qu'elle lève, jetons-la de nouveau;

« jetons-la encore : un jour viendra, soyez-en sûrs, où elle germera
« et fructifiera. »

Le moment semble venu, pensons-nous, de faire disparaître des
législations de l'Europe ce reste de barbarie qui permet encore
de s'emparer du bien d'autrui par cette seule raison qu'il est de sa
nature facilement assimilable.

Il existe en cette matière une véritable oblitération du sens moral qui s'est indurée dans les esprits, et on ne peut soutenir que
nous défendons, dans ce domaine, des idées nouvelles.

Celles que nous défendons aujourd'hui sont en effet issues de la
Révolution française dont nous avons célébré le centenaire.

Depuis cent ans, ces idées devraient avoir fait leur chemin dans
les pays civilisés, car le respect de la propriété est la base de l'organisation sociale, et c'est presque une banalité que de répéter, avec
Lakanal à la Convention nationale : « Que la propriété littéraire et
« artistique est la plus sacrée, la plus personnelle et la plus
« légitime, et, si quelque chose doit étonner, c'est qu'il ait fallu
« reconnaître cette propriété et assurer son libre exercice par une
« loi positive. »

Ajoutons que, pendant que certaines législations de pays des plus
éclairés s'ingénient à créer des subtilités juridiques, des distinctions subtiles et arbitraires basées sur ce que l'on appelle abusive-
ment des droits acquis (comme si l'abus ou l'usage illicite du bien
d'autrui peut jamais constituer un profit au spoliateur des droits
privatifs), nous constatons avec une satisfaction réelle que des pays
nouveaux, dépourvus encore de lois spéciales, proclament fièrement
que la propriété littéraire ou artistique est de l'essence du droit
naturel et doit être protégée, même en l'absence de lois posi-
tives.

Ce sont ces idées et ces principes que nous avons pris à tâche de
défendre, de pays à pays, de frontière à frontière, pour provoquer
partout la consécration des principes qui font la gloire des pays
qui les respectent.

Les conventions particulières assurent la défense de ces droits ;
elles sont entrées dans les habitudes et les mœurs des différents
pays. Il y a lieu de les maintenir et de chercher à les améliorer
jusqu'au jour où la Convention de Berne aura réalisé toutes les
dispositions favorables des traités particuliers.

Pour ces considérations, nous estimons qu'il convient de proposer au Congrès les résolutions suivantes :

*Il y a lieu de maintenir les Conventions internationales exis-
tantes, non seulement celles qui sont plus favorables à l'Union
de Berne, comme on l'a décidé à Berne en octobre 1889, mais
toutes les Conventions littéraires et artistiques qui offrent toujours certains avantages non réalisés par l'Union de Berne ;*

Qu'il y a lieu de renouveler incessamment lesdites Conven-tions, ainsi que celles qui auraient été dénoncées dans ces der-niers temps;

Qu'il y a lieu de conclure des Conventions internationales entre les pays de l'Union et ceux qui n'y ont point encore adhéré.

Dans ces conditions, on préparera de nouvelles accessions, on marchera par des progrès successifs vers l'idéal que nous avons en vue : la codification internationale du droit d'auteur et le res-pect absolu et complet, dans tous les pays, des productions scien-tifiques, littéraires et artistiques.

Louis Cattreux.

1282 — Paris, Imp. J. Kugelmann, 12, rue de la Grange-Batelière.

ASSOCIATION LITTÉRAIRE ET ARTISTIQUE

INTERNATIONALE

(12ᵉ session)

Siège social : 17, rue du Faubourg-Montmartre, PARIS

CONGRÈS DE LONDRES

4-11 Octobre 1890

DES UNIONS RESTREINTES

RAPPORT DE M. HENRI MOREL

Appelé à traiter la question des *Unions restreintes*, permettez-moi de reproduire un article que j'ai écrit l'année dernière sur ce sujet et qui a été publié par le *Droit d'auteur* (1).

La question se présentant aujourd'hui sous le même aspect, et aucune raison n'existant pour moi de la traiter à un autre point de vue, il eût été enfantin, pour produire du nouveau, de la reprendre sous une forme nouvelle en paraphrasant mon premier travail. J'y ajouterai seulement quelques mots formant mes conclusions. Voici cette étude :

« La protection, dans un pays, des œuvres littéraires et artistiques publiées dans un autre pays est régie :

« 1° Par les dispositions de la législation intérieure, accordant cette protection, avec ou sans conditions de réciprocité ou autres ;

« 2° Par des traités particuliers conclus entre deux pays ;

---

(1) Les *Traités particuliers et les unions restreintes entre pays appartenant à l'Union internationale littéraire et artistique*. — *Droit d'auteur* du 15 novembre 1889, p. 123.

7

« 3° Pour les onze pays formant l'Union internationale pour la protection des œuvres littéraires et artistiques, par la Convention du 9 septembre 1886 qui a créé cette Union.

« La protection ne résulte pas uniquement de l'un ou de l'autre des trois régimes susindiqués, mais plutôt de la combinaison de ces régimes réunis. Il faut y ajouter encore les dispositions protectrices tirées de la stipulation internationale connue sous le nom de *clause de la nation la plus favorisée*. On sait que l'effet de cette clause est de rendre applicables à un des pays contractants toutes les dispositions plus favorables admises dans des traités conclus entre l'État co-contractant et d'autres États.

« L'ensemble de ces mesures législatives et conventionnelles a sans doute pour effet d'étendre les limites de la protection internationale, mais n'est-il pas possible d'arriver au même résultat par une voie plus simple?

« C'est dans cet ordre d'idées qu'une fois l'Union internationale littéraire et artistique créée on s'est demandé s'il y avait lieu de conserver les traités particuliers conclus entre pays faisant partie de cette Union. Cette question a été résolue négativement par la Grande-Bretagne, qui a dénoncé les traités qu'elle avait conclus avec des États devenus comme elle signataires de la Convention de Berne.

« L'examen de l'utilité du maintien ou de la suppression de tels traités a provoqué des discussions et des résolutions dans divers Congrès et dans la Conférence réunie dernièrement à Berne.

« Ceux qui verraient avec plaisir diminuer le nombre de ces instruments diplomatiques tiennent le raisonnement suivant.

« Il est certain qu'il ne faut pas supprimer les dispositions des traités qui contiennent des stipulations plus favorables que celles de la Convention de Berne; seules, celles qui sont moins avancées que cette Convention ou qui font double emploi avec elle, peuvent être mises en question.

« Le nombre des traités à consulter devient, par lui-même, à mesure qu'il s'augmente, une source de difficultés pour l'examen de la situation faite aux auteurs dans les différents pays. Il n'est pas non plus sans inconvénients d'avoir des dispositions analogues — et non identiques — dans un traité particulier, dans la Convention de Berne et dans les législations intérieures; cela est, en effet, de nature à provoquer des interprétations byzantines basées sur des différences de texte entre les prescriptions à appliquer, alors même que l'idée fondamentale aura été unique, mais simplement exprimée en termes quelque peu différents. De là, dans la jurisprudence, un élément qui nuira au développement de son uniformité si désirable cependant, car, surtout dans la matière qui nous occupe, cette jurisprudence a souvent ouvert la voie à de nouveaux progrès en fixant des principes qui, plus tard, ont pris corps dans les lois ou dans les traités.

« Il importe donc de déblayer le terrain de toutes les choses inutiles et de répandre l'air et la lumière dans ce domaine de la propriété littéraire et artistique internationale. Cela est d'autant plus désirable que la différence des langues, des mœurs et des traditions — sans parler de la diversité des intérêts — restreint déjà la marche vers l'uniformité.

« D'un autre côté, on a manifesté des craintes au sujet de la suppression des traités particuliers. M. Louis Cattreux, de Bruxelles, qui s'est fait surtout le représentant de cette opinion, a présenté au Congrès de l'Association littéraire et artistique internationale, réuni à Madrid en 1887, la proposition suivante qui a été adoptée :

« Il y a lieu de maintenir les conventions conclues entre les dif-
« férents pays pour la garantie réciproque des œuvres de littérature
« et d'art, en attendant que l'Union universelle de Berne puisse
« être complétée dans le sens de l'extension du droit d'auteur. »

« Voici quelques-uns des passages de l'exposé fait par M. Cattreux, à l'appui de sa proposition, au nom de la commission d'initiative du Congrès qui l'avait faite sienne :

« Le but que nous avons en vue, c'est de réagir contre la tendance
« qui semble se produire dans certains Etats, lesquels sont d'avis
« que leur accession à l'Union universelle de Berne les dispense
« de maintenir et de renouveler les conventions littéraires en
« cours.
« Cette tendance peut présenter des inconvénients et des dan-
« gers.
« Nous devons tous rendre hommage à ce grand acte diplomati-
« que réalisé par la Conférence de Berne. Cet admirable résultat
« est dû aux soins et à l'initiative de notre Association. C'est un
« pas immense fait dans la voie des si légitimes revendications
« des auteurs et dans la voie du progrès et de l'unification des
« législations en matière de droits d'auteur.
« Mais ce n'est là que la première étape vers la reconnaissance
« universelle des droits intellectuels, et la Conférence de Berne
« n'a pu accepter certains principes généraux consacrés et recon-
« nus déjà par les conventions internationales de certains pays,
« notamment la France, l'Espagne et la Belgique. »

« Plusieurs d'entre elles, les plus larges, les plus généreuses,
« apporteront comme un encouragement, un stimulant salutaire
« qui permettront d'introduire dans ce grand acte diplomatique de
« Berne des améliorations et des extensions successives.
« Ces conventions ainsi maintenues constituent des contrats sy-
« nallagmatiques, ainsi que l'a décidé l'année dernière le Congrès
« de Genève.
« Ce caractère juridique des conventions littéraires ne saurait
« être contesté et il assure pendant toute la durée de ce contrat et
« comme minimum de droits la situation existant au moment de
« la conclusion de ces traités ; ceux-ci ne peuvent être réduits dans
« leur effet ni leurs applications que du consentement des deux
parties et tous les avantages ou améliorations qui pourraient
être accordés à des Etats tiers sont acquis de plein droit aux
contractants des deux parts, en vertu de la clause du traitement

« de la nation la plus favorisée, clause qui est la base de toutes les
« conventions internationales.

« D'autre part, le maintien des conventions littéraires et artisti-
« ques nous met à l'abri des fluctuations ou des modifications qui
« peuvent être apportées aux législations intérieures des différents
« pays, mais nous devons prévoir cependant que, sous l'effort des
« intérêts particuliers ou sous l'influence des préoccupations élec-
« torales ou politiques, certains pays, non seulement refusent
« d'entrer dans l'Union universelle, mais encore persistent à refu-
« ser aux étrangers la reconnaissance de leurs droits. »

« Quoi qu'il en soit, je puis me résumer en disant au nom de la
« commission d'initiative du Congrès que nous devons garder ce
« qui existe actuellement, que nous devons maintenir et dévelop-
« per, s'il est possible, les conventions internationales en les met-
« tant en rapport avec le texte actuel et avec les améliorations suc-
« cessives qui seront apportées à l'Union universelle. Nous devons
« garder cette situation jusqu'au jour où, tous nos vœux étant réa-
« lisés, l'idéal que nous poursuivons sera atteint dans l'intérêt des
« lettres et des arts et pour la gloire de l'Association littéraire et
« artistique internationale, qui aura fait reconnaître et proclamer,
« dans tout le monde civilisé, les droits imprescriptibles de l'intel-
« ligence et du génie. »

« Notons encore, pour compléter cet exposé, que l'honorable
rapporteur de la commission se préoccupait aussi de la suppression des traités conclus entre pays unionistes, d'une part,
et non-unionistes, d'autre part, et entre pays dont ni l'un ni l'autre ne faisaient partie de l'Union.

« Il est à peine besoin de dire que sur ce dernier point il ne
saurait y avoir une nuance de divergence entre quiconque est
artisan de la protection internationale, puisque toute suppression
d'un traité, sans son remplacement par un acte au moins équivalent, constitue naturellement un recul. Aussi la situation est-elle
ici toute différente de celle que présente l'existence de traités
entre deux pays qui font partie de l'Union.

« Après avoir été traitée à Madrid, ainsi que nous venons de le
rappeler, la question a été reprise cette année dans trois assem-
blées ayant pour but de s'occuper de la protection internationale,
et dans chacune d'elles elle a fait l'objet d'une résolution.

« C'est d'abord le Congrès littéraire international réuni à Paris
du 20 au 27 juin dernier qui adopta la résolution suivante :

« 14. Le Congrès de 1889 renouvelle le vœu émis par le Congrès
« de Madrid en 1887, en faveur du maintien des conventions con-
« clues entre les différents pays de l'Union jusqu'à ce que la Con-
« vention de Berne assure l'extension complète du droit de l'au-
« teur, et appelle spécialement sur ce point important toute la
« sollicitude du gouvernement français. »

« Puis vint le Congrès artistique international réuni aussi à
Paris du 25 au 31 juillet. Voici sa décision :

« X, 2ᵉ alinéa. Bien qu'il soit désirable de voir s'établir entre
« les différents pays une convention unique, il est d'un haut intérêt
« que, jusque-là, les traités particuliers soient maintenus en ce
« qu'ils ont de plus favorable que la Convention de Berne de 1886
« et que les législations intérieures. »

« Enfin, la troisième assemblée est celle de la Conférence réunie
à Berne du 5 au 9 octobre dernier qui, à son tour, formula le vœu
suivant :

« I. Il est désirable de voir s'établir entre les différents pays
« une convention unique, fondée sur les législations identifiées,
« mais il est du plus haut intérêt que, jusque-là, en vue de con-
« server les avantages actuellement acquis, les traités particuliers
« soient maintenus en ce qu'ils ont de plus favorable que la Con-
« vention de Berne de 1886.

« Il est, d'ailleurs, à souhaiter qu'au lieu de conventions sépa-
« rées les pays de l'Union, qui veulent assurer d'une manière
« plus large la protection du droit des auteurs, concluent entre
« eux des conventions d'union restreinte. »

« Les résolutions du Congrès de Madrid et du Congrès littéraire
de Paris sont identiques au fond. Celle du Congrès artistique manifeste déjà une préoccupation de simplification en exprimant le
vœu du maintien des traités, *en ce qu'ils ont de plus favorable que
la Convention de Berne et que les législations intérieures.* Mais il
appartenait à la Conférence de Berne de trouver la vraie formule
et d'indiquer la voie à suivre pour arriver à la diminution des dispositions ou des actes diplomatiques devenus superflus, tout en
assurant aux auteurs toutes les garanties nécessaires. Cette voie,
c'est la conclusion de conventions portant création d'*unions restreintes.*

« Quelques mots d'explication à ce sujet ne seront pas sans
utilité.

« L'expression *unions restreintes*, dans l'acception qu'il y a
lieu de lui donner ici, est empruntée à la terminologie de l'Union
postale. C'est, en effet, dans cette association universelle qu'après
avoir établi l'accord commun sur un certain nombre de points
principaux et constitué ainsi l'*Union-mère* on constata que d'autres points, qui ne rencontraient pas l'assentiment général, réunis-
saient cependant l'adhésion d'un certain nombre d'Etats. De là
l'idée de donner corps à cette entente entre une partie des membres de l'Union générale, en établissant entre ces membres le système de conventions spéciales, d'*unions restreintes* vivant de la
même vie que l'Union générale et placées au bénéfice de son organisation centrale. Puis, par une disposition dont il est fréquemment fait usage, la faculté a été réservée à tout Etat membre de
l'Union postale d'entrer dans les unions restreintes.

« Pour prendre un exemple de ce que serait l'application de ce
principe dans notre Union, nous rappellerons le passage cité plus
haut du discours prononcé par M. Cattreux à Madrid, constatant
que la Convention de Berne n'avait pu accepter « certains prin-

« cipes généraux consacrés et reconnus déjà par les conventions
« internationales de certains pays, notamment la France, l'Espagne
« et la Belgique ». Voilà les éléments d'une union restreinte tout
indiqués. Ce ne serait pas une difficulté pour ces trois pays, qui
font partie de l'Union littéraire et artistique, d'examiner, lors de la
première réunion d'une des conférences diplomatiques prévues
par la Convention « pour travailler au développement et au perfec-
« tionnement de l'Union, » d'examiner, disons-nous, quels sont les
points sur lesquels leurs traités particuliers sont en avance sur la
Convention de Berne et de faire de ces points l'objet d'une convention d'union restreinte.

« De cette manière, plus d'équivoque, plus de double emploi ;
le nouvel instrument diplomatique laisse de côté tout ce qui est
déjà réglé par la Convention de Berne pour se limiter aux principes spéciaux qu'il entend consacrer, et voilà les rapports entre
trois pays établis au moyen d'un seul document, formant en quelque sorte une annexe à la Convention de Berne, annexe prête à
recevoir la signature de tous les pays unionistes qui voudraient
offrir et obtenir les avantages concédés par cet acte.

« D'autres puissances pourront, à leur tour, se grouper aussi
sur d'autres points et c'est ainsi que tout ce qui aura pour but de
fixer le droit international viendra prendre place dans l'Union qui,
ouverte à toutes les ententes, totales ou partielles, formera un
centre duquel on n'aura pas à sortir pour édifier les bases les meilleures en vue d'assurer aux écrivains et aux artistes la protection
de leur propriété hors de leur pays.

« C'est, croyons-nous, aussi la meilleure voie à suivre pour se
diriger vers cet idéal que la Conférence diplomatique de 1884 a
fait entrevoir en déclarant *qu'une codification internationale est
dans la force des choses et s'imposera tôt ou tard.* »

J'ajoute maintenant les quelques mots suivants :
Mon excellent ami Cattreux relève essentiellement l'utilité des
traités particuliers même entre pays unionistes, en raison de l'influence qu'ils peuvent exercer sur le maintien des progrès accom-
plis dans la législation intérieure des États contractants. Je crois ne
pas me tromper en résumant sa pensée ainsi : A teneur de la Convention de Berne, un pays peut en tout temps se retirer de l'Union
moyennant une dénonciation faite une année à l'avance. Il n'en est
pas de même à l'égard des traités particuliers qui, en règle très
générale, sont faits pour une durée déterminée. Tout traité constituant un contrat synallagmatique, les avantages qu'il assure ne
peuvent, pendant sa durée, être amoindris par une des parties, au
moyen, par exemple, d'une modification de la législation intérieure. Une telle modification peut toujours se produire, mais elle ne
déploierait aucun effet vis-à-vis des ressortissants du pays cocon-
tractant. De là une excellente situation pour lutter contre toute
tentative de recul sur le terrain national puisqu'elle permettrait de
faire ressortir que, ce recul ne pouvant porter préjudice qu'aux
auteurs nationaux, ceux-ci se trouveraient, dans leur propre pays,
moins bien traités, moins protégés que des auteurs étrangers.

Ce point de vue a ainsi pour but de contribuer, à un moment donné, au maintien de la législation d'un pays, en vertu des traités internationaux qu'il a conclus. C'est donc en prévision d'un fait accidentel que cette opinion est soutenue, ce qui, je m'empresse de le déclarer, ne veut pas dire pour cela qu'elle soit sans valeur. Je suis loin, en effet, de méconnaître la portée que peuvent avoir les « faits accidentels » ; si on pouvait établir leur bilan historique, il est probable qu'ils ne feraient pas trop mauvaise figure, pour les résultats acquis, à côté des conceptions et des déductions les plus savamment élaborées, mais ce n'est pas une raison pour déprécier celles-ci.

Pour moi, tout en étant prêt à faire toutes les concessions, à faire subir à la marche un ralentissement envisagé comme nécessaire, à suivre une tangente qui sera jugée prudente, à une heure donnée, je ne puis cependant perdre de vue le but, idéal aujourd'hui mais réalisable demain, de la *codification internationale le plus complète possible des règles qui régissent la propriété littéraire et artistique.*

C'est dans cet ordre d'idées et dans les limites déterminées par ce qui précède que j'ai dit plus haut : « Il importe de déblayer le terrain de toutes les choses inutiles et de répandre l'air et la lumière dans ce domaine de la propriété littéraire et artistique internationale... »

Je crois qu'en résumé je puis arriver à deux conclusions :

La première, c'est qu'en somme il n'y a aucune divergence entre mon ami Cattreux et moi ;

La seconde, c'est que la résolution de la Conférence de Berne, reproduite plus haut, résolution que nos honorables confrères MM. Pouillet, Darras et Cattreux, ainsi que moi, avons eu l'honneur de rédiger, est la meilleure formule, car elle fait, dans une juste mesure, la part qui convient aux traités particuliers et aux unions restreintes.

HENRI MOREL.

Paris. — Imp. J. Kugelmann, 12, rue de la Grange-Batelière.

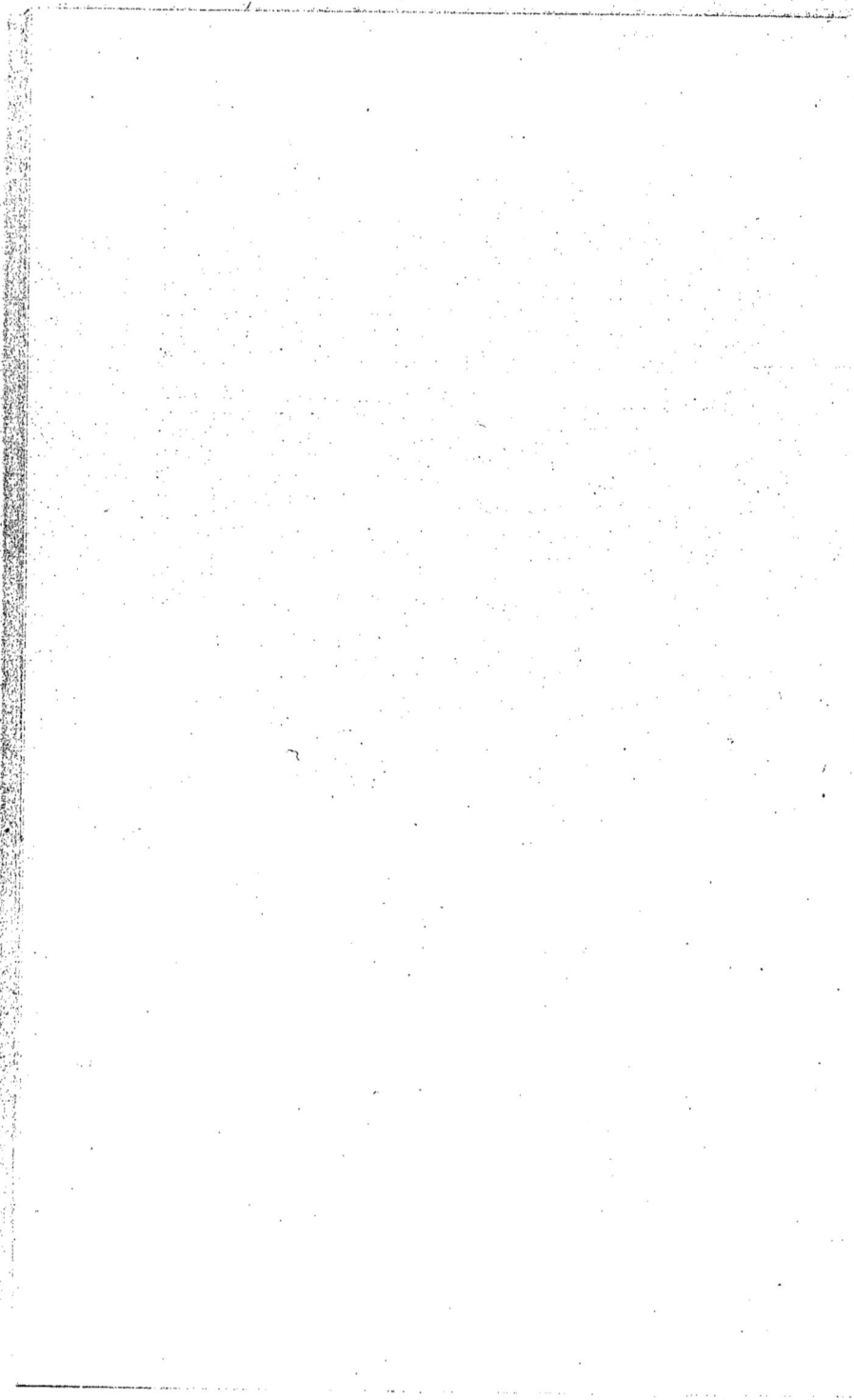

ASSOCIATION LITTÉRAIRE ET ARTISTIQUE

INTERNATIONALE

(12e session)

Siège social : 17, rue du Faubourg-Montmartre, PARIS

CONGRÈS DE LONDRES

4-11 Octobre 1890

DE LA PROPRIÉTÉ LITTÉRAIRE EN MATIÈRE DE JOURNAUX ET RECUEILS PÉRIODIQUES

RAPPORT DE M. A. CHAUMAT

Docteur en droit, Avocat à la Cour d'appel de Paris

I. — L'article 7 de la Convention de Berne du 9 septembre 1886 est ainsi conçu :

« Les articles de journaux ou de recueils périodiques publiés
« dans l'un des pays de l'Union peuvent être reproduits, en ori-
« ginal ou en traduction, dans les autres pays de l'Union, à moins
« que les auteurs ou éditeurs ne l'aient expressément interdit. Pour
« les recueils, il peut suffire que l'interdiction soit faite d'une ma-
« nière générale en tête de chaque numéro du recueil.
« En aucun cas, cette interdiction ne peut s'appliquer aux arti-
« cles de discussion politique ou à la reproduction des nouvelles
« du jour et des *faits-divers*. »

C'est là une disposition que les défenseurs de la propriété littéraire ne sauraient approuver, et ils pensent qu'elle doit être profondément modifiée lorsque la Convention de Berne sera
revisée.

La deuxième conférence internationale, réunie à Berne en octo-

8

bre 1889, s'est déjà préoccupée de la question et elle a émis le vœu que l'article 7 fût ainsi libellé :

« Les articles extraits de journaux ou de recueils périodiques
« publiés dans l'un des pays de l'Union, pourront être repro-
« duits, en original ou en traduction, dans les autres pays de
« l'Union.

« Mais cette faculté ne s'étendra pas à la reproduction, en origi-
« nal ou en traduction, des romans-feuilletons ou des articles de
« science ou d'art. »

D'autre part, le Congrès littéraire international tenu à Paris au mois de juin de la même année s'est prononcé dans un sens beaucoup plus favorable à la sauvegarde de la propriété littéraire en matière de journaux et de recueils périodiques, et il a voté les résolutions suivantes :

« Les articles de journaux et de recueils périodiques ne peuvent être reproduits ou traduits sans l'autorisation de l'auteur.

« L'auteur de ces articles n'est astreint à aucune mention spéciale de réserve ou d'interdiction.

« Tout journal peut reproduire un article politique publié dans un autre journal, à la condition d'en indiquer la source et le nom de l'auteur, si l'article est signé, à moins que cet article ne porte la mention spéciale que la reproduction en est interdite.

« Le droit d'auteur s'étend aux dépêches et faits divers qui ont le caractère d'une œuvre littéraire.

« Les romans-feuilletons ne peuvent être reproduits sans l'autorisation de l'auteur, qui n'est d'ailleurs astreint à aucune mention spéciale de réserve ou d'interdiction. »

La question qui vous est posée dans cet ordre d'idées est donc, à tous les points de vue, du plus haut intérêt. Elle a été déjà examinée et résolue en des sens divers et il importe que le Congrès de Londres se prononce à son tour en envisageant la propriété littéraire d'abord dans le journal, ensuite dans le recueil périodique.

II.— Le journal se compose de trois parties principales :

En premier lieu, les articles de journal proprement dits, c'est-à-dire les *écrits*, études ou exposés, sur la politique, les lettres, les arts, les sciences, le théâtre, qu'ils soient ou non signés, qu'ils aient la forme la plus habituelle d'une thèse soutenue sur un ou plusieurs sujets déterminés, ou bien qu'ils prennent la forme de lettres et de correspondances. C'est cette première partie du journal, la plus importante en principe, qui constitue à proprement parler l'œuvre du journaliste, l'œuvre de l'homme qui expose, développe, soutient et défend ses idées sur la politique ou sur tout autre sujet.

En second lieu, le roman-feuilleton, c'est-à-dire la partie plus spécialement littéraire du journal. C'est le roman vulgarisé, autrement dit le roman pur et simple mis à la portée de tous et publié par fractions au jour le jour, avec l'attrait particulier pour quelques lecteurs, d'une incertitude et d'une émotion habilement ménagées et longtemps prolongées.

Enfin, on peut ranger dans une troisième partie tout ce qui, dans le journal, constitue pour le lecteur les renseignements : actes officiels, dépêches, faits divers, etc.

III. — Pas de difficulté, et à des points de vue opposés, sur ces deux dernières parties. Il est clair, tout d'abord, que le roman-feuilleton est toujours le roman, c'est-à-dire la création de l'esprit, l'œuvre de l'imagination par excellence, et il est difficile de comprendre qu'on puisse, au point de vue du droit de propriété qui appartient à l'auteur, le traiter de deux manières différentes, suivant qu'il aura été publié tout entier et en une seule fois, dans un ou plusieurs volumes, ou bien qu'il aura été offert au public par fractions, dans un journal quotidien. L'œuvre est toujours la même, avec ses qualités, ses défauts, son originalité propre et l'identité de traitement doit correspondre à l'identité dans l'œuvre.

On ne saurait donc admettre la différence établie par l'article 7 de la Convention de Berne entre le roman-feuilleton et le roman ordinaire, au point de vue du droit de reproduction, en original ou en traduction. Pour le premier, pas plus que pour le second, la nécessité de réserves ou d'une interdiction de la part de l'auteur n'a de raison d'être.

Il faut dire, au contraire, que l'auteur d'un roman-feuilleton est le maître de son œuvre au même titre que l'auteur de toute autre œuvre littéraire et que, sans qu'il y ait besoin de réserves ou d'une interdiction de sa part, la reproduction, en original ou en traduction, est interdite, s'il n'y a expressément consenti.

IV. — Tout au contraire, ce qui dans le journal n'est qu'un renseignement plus ou moins complet ou plus ou moins concis, télégrammes, actes officiels, faits divers, reste en dehors du domaine de la propriété littéraire et ne relève pas des règles qui la concernent. Il n'y a, en effet, pour ces sortes de publications, ni invention, ni production de l'esprit dans le sens élevé du mot, ni création d'une chose nouvelle ayant ses caractères propres, même lorsque les télégrammes ou les faits divers ne sont pas communiqués, comme cela a lieu le plus souvent, par des bureaux et des agences créés pour les fournir aux journaux. Sans doute des difficultés, des usurpations peuvent naître à l'occasion de ces publications. Par exemple, un journal qui aurait organisé à grands frais un système de correspondances télégraphiques pourrait légitimement se plaindre que ses télégrammes fussent interceptés par un autre journal et publiés avant lui ou en même temps que lui ; mais la propriété littéraire n'a rien à voir dans un pareil conflit. C'est une question purement industrielle et commerciale de concurrence déloyale, non une question de contrefaçon.

Cependant, le congrès littéraire de 1889 a émis le vœu, dans l'une des résolutions que nous avons rapportées, que le droit d'auteur s'étendît aux dépêches et faits divers qui auraient le caractère d'une œuvre littéraire. Nous admettons cette réserve et on peut, si on veut, la formuler comme elle l'a été au congrès de Paris, mais il faut reconnaître qu'un télégramme ou un fait divers qui auraient ce caractère seraient une exception et c'est le cas de dire que l'exception est faite pour confirmer la règle. Les tribunaux auraient à apprécier, en fait, si on est dans la règle ou dans l'exception.

V. — La difficulté devient plus sérieuse quand on arrive à l'article de journal proprement dit, quel qu'en soit l'objet : politique, littérature, arts, sciences ou théâtre.

Ici, une distinction a été faite entre les articles qui sont politiques ou de discussion politique et ceux qui n'ont pas ce caractère. Ainsi, l'article 7 lui-même de la convention de Berne réserve aux auteurs ou aux éditeurs la faculté d'interdire expressément les articles de journaux qui ne sont pas des articles politiques. Pour ces derniers, au contraire, pas d'interdiction possible; ils appartiennent à tous et la reproduction en est toujours permise.

De même, le texte adopté par la conférence de Berne, en 1889, propose d'interdire la reproduction, à moins d'une autorisation de l'auteur, seulement pour les « romans-feuilletons ou les articles de science ou d'art », sans s'expliquer, d'ailleurs, sur le point de savoir si les auteurs d'articles qui ne seraient pas des articles de science ou d'art pourraient ou non s'opposer, par une mention spéciale, à la reproduction de leurs articles.

Enfin, le Congrès littéraire de Paris fait aussi une différence entre les articles de politique et les autres articles de journaux, différence consistant en ce que ces derniers ne peuvent jamais être reproduits sans l'autorisation de l'auteur, tandis que les premiers peuvent l'être « à la condition d'en indiquer la source et le « nom de l'auteur si l'article est signé », et « à moins, ajoute-t-on, « que cet article ne porte la mention spéciale que la reproduction est « interdite ».

Du rapprochement de ces trois dispositions, il convient de tirer une première conséquence : c'est qu'il ne peut pas y avoir d'hésitation pour les articles qui ne sont pas des articles politiques. Ces articles, aussi bien que les œuvres publiées en volumes, appartiennent, sans que les auteurs aient à formuler ni réserves ni interdiction, à ceux qui les ont écrits, et la reproduction doit en être interdite, à moins d'autorisation expresse de l'auteur ou de l'éditeur, suivant leurs droits respectifs que nous n'avons pas à déterminer ici. Et, par articles qui ne sont pas des articles politiques, il faut entendre non seulement les articles de « science ou d'art » suivant la formule, trop étroite, adoptée à la conférence de Berne de 1889, mais les articles de critique littéraire ou théâtrale, d'économie politique ou sociale, les récits de voyage, correspondances étrangères, poésies, études de législation, etc., en un mot tout ce qui n'est pas ce qu'on est convenu d'appeler la politique, c'est-à-dire la polémique journalière, l'appréciation et la discussion des hommes et des choses rentrant dans l'ordre des faits quotidiens, qui constituent la vie politique d'un peuple.

VI. — Mais que décider pour les articles politiques, et faut-il, tout d'abord, avec l'article 7 de la convention de Berne, en autoriser la reproduction, même malgré l'interdiction de l'auteur ?

Cette première solution n'est guère défendable, car, si on peut admettre que celui qui publie dans un journal un article de politique est présumé autoriser la reproduction de son article, en dehors, bien entendu, des nécessités d'une réponse ou d'une discussion, point de vue dont nous dirons un mot tout à l'heure, il est impossible d'aller jusqu'à permettre la reproduction, malgré la volonté exprimée par l'auteur. L'article appartient, en définitive, à celui qui l'a écrit, il est l'œuvre de sa pensée, le résultat de son travail personnel, et on ne peut pas concevoir qu'un tiers ait le droit de s'en emparer malgré lui, pour l'exploiter et en tirer profit.

Peut-on, d'autre part, se contenter du silence un peu équivoque de la résolution votée sur ce point par la Conférence de Berne de 1889 ? Pas davantage. Les questions gagnent toujours à être nettement posées et nettement résolues, et les écrivains politiques, comme les autres, ont besoin de savoir clairement jusqu'où va leur droit sur ce qui est l'œuvre de leur intelligence et de leur pensée. Or, le texte adopté à Berne en 1889 leur dit bien qu'on pourra reproduire leurs articles sans leur en demander la permission ; mais il ne dit pas s'ils pourront refuser cette permission et interdire par avance toute reproduction qui ne serait pas autorisée par eux.

Reste la solution adoptée au Congrès de Paris, dont nous avons rapporté plus haut les résolutions (V. paragraphe 3 de ces résolutions).

Elle semble au premier abord équitable, puisque la reproduction n'est permise que de journal à journal et à la condition de faire connaître la source et l'auteur. De plus, elle permet à l'écrivain d'interdire par avance la reproduction.

Qu'on nous permette cependant de trouver cette solution insuffisante et illogique, et de dire qu'il n'y a aucune bonne raison pour traiter un article politique autrement qu'un article de science ou d'art.

Entendons-nous bien : il n'est pas question, dans ce rapport, du droit de reproduction pris dans le sens de droit de citation à l'occasion d'une réponse, d'une étude critique, d'une discussion loyale dans laquelle deux polémistes, par exemple, se feront des emprunts réciproques pour se combattre, ou pour s'entr'aider. Cette reproduction-là est permise, personne ne la conteste, même pour les œuvres littéraires qui ne sont pas des articles de journaux ; elle est l'instrument nécessaire de la critique, dont relèvent toutes les œuvres de l'intelligence. La reproduction dont nous nous occupons, c'est la reproduction commerciale, c'est-à-dire le fait de publier en brochure ou dans un journal ou de n'importe quelle façon l'article politique de quelqu'un pour en tirer soi-même un profit, en d'autres termes le fait de battre monnaie avec l'œuvre de l'intelligence d'un autre.

Or, c'est cela qui ne peut pas et ne doit pas être permis, même en faisant connaître le nom de celui dont on exploite l'œuvre, lui laissant ainsi l'honneur pour garder le profit, s'il y en a un. La propriété littéraire, à présent reconnue et incontestée dans son principe, est « une et indivisible » (qu'on nous pardonne ce vieux cliché... politique !)

Quant à la faculté qui serait réservée à l'auteur d'un article de journal d'en interdire la reproduction, outre qu'il n'y a pas de bonne raison non plus pour obliger l'auteur à prendre cette précaution, c'est en matière de journalisme qu'elle est le plus difficilement praticable, et nous ne pouvons pas la considérer comme une sauvegarde suffisante du droit de l'auteur. La seule solution logique, équitable et complète est donc l'assimilation absolue, au point de vue de la propriété littéraire, entre les articles de journaux, quel qu'en soit l'objet, et les autres œuvres littéraires.

VII. — On objecte cependant que, pour les articles politiques, le désir le plus vif de l'auteur est, d'ordinaire, que ses idées se répandent et qu'on va au-devant de son vœu le plus cher en reproduisant sa prose !

Cela peut être vrai dans une certaine mesure ; mais le désir d'être répandu et vulgarisé n'exclut pas toujours, et nécessairement, la volonté de garder pour soi le profit de la vulgarisation, s'il doit y en avoir un, et de choisir son ou ses vulgarisateurs. Soutiens de la propriété littéraire, nous ne pouvons pas nous abstraire du côté matériel des choses, et il faut bien reconnaître que la défense absolue de la reproduction, sans l'autorisation de l'auteur, est, pour l'auteur, la seule protection à la fois efficace et complète.

On objecte encore que les articles politiques, les articles de polémique courante, ne sont pas, d'ordinaire, l'objet de reproductions intéressées et que poser, à leur occasion, le principe de l'interdiction, ce serait paralyser, rendre impossible la polémique quotidienne qui a besoin d'un très large droit de reproduction.

La réponse est encore facile.

D'une part, et ainsi que nous l'avons déjà dit, le droit de reproduction, pris comme droit de citation à l'occasion et pour les besoins d'une controverse ou d'une polémique, n'est pas en question. Ce qu'il s'agit d'interdire, c'est la reproduction intégrale, la réédition et l'exploitation, pour ainsi dire, de l'article de journal par tout autre que son auteur ou le journal auquel il a donné son article. Il appartiendra aux tribunaux qui seraient saisis de la difficulté de distinguer, ce qui leur sera toujours facile, cette reproduction de l'autre, et de sauvegarder les droits de l'auteur sans faire échec à ceux de la critique.

D'autre part, s'il est vrai qu'il paraisse chaque jour des milliers d'articles politiques pour lesquels il est inutile, en effet, de s'occuper du droit de l'auteur au point de vue de la reproduction de son œuvre, nous avons tous lu, à certaines époques plus ou moins agitées de l'histoire contemporaine, et nous lisons, bien souvent, sous forme d'articles politiques, des pages magistrales, des œuvres de littérature politique admirables pour lesquelles il serait inadmissible de ne pas reconnaître, au profit des auteurs, un principe de propriété aussi complet et aussi absolu que pour les œuvres plus longues, mais souvent bien inférieures, auxquelles la protection de la loi n'est plus marchandée.

VIII. — Ce que nous avons dit des articles de journaux s'applique à plus forte raison aux articles publiés dans les revues ou recueils périodiques. Le recueil périodique se rapproche, en effet, beaucoup plus du livre que du journal ; les articles, politiques ou autres, qu'il renferme, méritent, par conséquent, plus encore, si c'est possible, que les articles de journaux, d'être assimilés aux livres et protégés comme eux, dans les termes du droit commun de la propriété littéraire, contre toutes les usurpations.

IX. — La question de la propriété littéraire, en ce qui touche les articles de journaux et de recueils périodiques a été l'objet de dispositions de lois spéciales, dans un grand nombre de pays qui ont des lois particulières sur la propriété littéraire et artistique.

En France, où il n'y a pas, comme dans la plupart des grands Etats, une loi unique sur la propriété littéraire, qui est seulement protégée par un grand nombre de dispositions éparses, on ne rencontre aucun texte qui s'applique spécialement aux articles de journaux ou de revues. Mais les tribunaux ont reconnu que ces articles constituaient des *écrits* dans le sens des lois générales, et ils ont décidé que la propriété en appartenait, comme pour les autres œuvres littéraires, soit à l'auteur, soit au journal, suivant la nature des conventions qui les unissaient.

« Cela ne saurait faire difficulté », ajoute l'éminent jurisconsulte (1) auquel nous empruntons l'indication de cette jurisprudence. « Sans doute, dit très justement un autre auteur (2), dans « l'intérêt de la presse quotidienne elle-même, il faut que chaque « journal ait le droit de commenter et discuter les articles publiés « dans telle ou telle feuille, et, par conséquent, d'en rappeler la « substance; *mais il faut circonscrire cette liberté dans les li-* « *mites d'une polémique nécessaire.* »

On ne saurait mieux dire, et nous ne pouvons, au nom des idées de justice que nous défendons, qu'approuver et nous approprier un langage aussi net.

Dans la plupart des autres pays, les lois qui traitent de la propriété littéraire limitent notablement, et vont même parfois jusqu'à supprimer, en ce qui concerne les journaux et les recueils périodiques, le droit des auteurs. Le système le plus généralement admis est le suivant : les articles de journaux et de revues peuvent être librement reproduits, à moins que l'auteur ne se soit expressé-

---

(1) Pouillet, *Traité théorique et pratique de la propriété littéraire et artistique*, n° 515.
(2) Gastambide, *Traité théorique et pratique de la contrefaçon en tout genre*, p. 63.

ment réservé le droit de reproduction ; mais cette réserve n'est même pas possible pour les articles politiques.

Voir dans ce sens la loi Allemande du 11 juin 1870 (1), art. 7, B, qui dispose ainsi : « Il n'y a pas contrefaçon : . . . .

« dans la reproduction d'articles extraits de publications périodi- « ques et autres feuilles publiques. Sont exceptés les romans, nou- « velles et travaux scientifiques ; sont également exceptés tous « autres écrits d'une certaine étendue, pourvu qu'ils portent ins- « crite, en tête, une défense expresse de reproduction. »

La loi Hongroise des 26 avril—4 mai 1884 (loi XVI, sur le droit d'auteur) (2), art. 9, § 2, dit, de même : « Ne sont pas considérés « comme une atteinte au droit d'auteur : . . . . « 2° L'insertion de communications isolées extraites des jour- « naux et des revues, à l'exception des travaux littéraires et scien- « tifiques, ou des communications importantes, pourvu qu'en tête « la défense de reproduire soit mentionnée. »

Dispositions analogues dans la loi Italienne du 19 septembre 1882, « sur les droits appartenant aux auteurs des œuvres de l'esprit » (3) article 26 ; dans la loi fédérale Suisse du 23 avril 1883, « concer- nant la propriété « littéraire et artistique » (4), art. 11, A, 4 ; dans la loi du grand-duché de Finlande du 15 mars 1880 (5), art. 9. Tou- tefois, la loi Italienne exige, pour autoriser la reproduction, l'indi- cation « de la source et du nom de l'auteur », la loi Suisse et la loi du grand-duché de Finlande l'indication de « la source ».

Dans d'autres Etats, on s'est montré un peu plus favorable aux auteurs d'articles de journaux et de recueils périodiques, et l'in- terdiction de la reproduction, dont la nécessité est d'ailleurs main- tenue, peut être faite pour tous les articles sans distinction.

Il en est ainsi, par exemple, d'après la loi Espagnole « sur la propriété intellectuelle » du 10 janvier 1879 (6), article 31. « Dans « tous les cas, ajoute l'article, on doit toujours indiquer la source « où l'on a puisé. »

Mêmes dispositions dans la loi Colombienne « sur la propriété littéraire et artistique » du 26 octobre 1886 (7), article 52 ; dans la loi de l'Equateur du 3 août 1887 (8), article 28 ; dans la loi des Pays- Bas « ayant pour objet de régler le droit d'auteur », du 28 juin

---

(1) *Annuaire de législation étrangère*, publié par la Société de législa- tion comparée, 1872, p. 205 et suiv. (traduction française).

(2) *Annuaire de législation étrangère*, 1885, p. 311 et suiv. (Traduc- tion française).

(3) *Raccolta ufficiale* 1882, n° 1,012, série 3°.

(4) *Feuille fédérale Suisse*, 25° année, vol. III, n° 35 ; 7 juillet 1883.

(5) Traduction française, par M. Pierre Dareste, *Lois françaises et étrangères sur la propriété littéraire et artistique*, par MM. Ch. Lyon- Caen et Paul Delalain, t. 1, p. 505.

(6) *Ley de Propriedad intelectual*. (V. traduction française dans l'*Annuaire de législation étrangère*, 1880, p. 432 et suiv.)

(7) *Annuaire de législation étrangère*, 1887, p. 893 et suiv. (Traduc- tion française.)

(8) *El National* (de Quito), du 22 août 1887.

1881 (1), article 9; enfin, dans la loi de la République sud-Africaine, « loi réglant le droit d'auteur (2) », du 23 mai 1887, article 7. La loi du Vénézuela « sur la propriété intellectuelle », du 12 mai 1887 (3), pose, dans le premier alinéa de l'article 28, le même principe du droit de reproduction, à moins d'interdiction contraire ; mais, un deuxième alinéa, renferme les exceptions suivantes : « Sont exceptés de la règle établie par le paragraphe précédent, « les dessins....., de même que les romans et les œuvres scienti- « fiques, artistiques et littéraires, fussent-elles publiées par frag- « ments ou chapitres, *sans qu'il soit nécessaire de faire cons- « tater la réserve du droit.* »

Dans la République de Guatemala, le décret-loi « sur la propriété littéraire », en date du 29 octobre 1879 (4), dispense les auteurs d'articles « scientifiques, littéraires ou artistiques », mais ceux-là seulement, de faire des réserves ou d'interdire la reproduction, et l'article 17 du décret-loi dispose ainsi : « A l'égard des « périodiques politiques, la seule propriété reconnue est celle des « articles scientifiques, littéraires ou artistiques qu'ils contiennent, « que ces articles soient originaux ou traduits ; mais celui qui « publiera un passage quelconque de la partie libre devra citer le « titre et le numéro du périodique d'où la citation est extraite. »

Enfin, la loi Belge, « sur le droit d'auteur », du 22 mars 1886 (5), laisse dans le droit commun les articles de revues ou recueils périodiques, mais elle décide pour les journaux, article 14, que « tout « journal peut reproduire un article publié dans un autre journal, « à la condition d'en indiquer la source, à moins que cet article ne « porte la mention spéciale que la reproduction en est interdite. »

Telles sont, prises un peu dans toutes les parties du monde, les principales dispositions de loi, sur la propriété littéraire, qui s'occupent de la reproduction des articles de journaux ou de recueils périodiques. Nous avons cité textuellement ou indiqué celles qui nous ont semblé le plus caractéristiques de l'état des législations particulières à chaque pays. Les lois dont nous n'avons pas parlé (6) se rapprochent plus ou moins, par leurs dispositions, de celles que nous avons citées.

---

(1) Traduction française par M. Pierre Dareste : *Lois françaises et étrangères sur la propriété littéraire et artistique*, de Ch. Lyon Caen et Paul Delalain, *loc. cit.*, t. I, p. 459.

(2) Traduction française par M. Ernest Chavegrin, *loc. cit.*, t. II, p. 33.

(3) Traduction française par M. Germond de Lavigne, *loc. cit.*, t. II, p. 165.

(4) Traduction française par M. Fernand Daguin, *loc. cit.*, t. II, p. 117.

(5) *Moniteur belge* du 22 mars 1886 et Pasinomie, 1886, p. 98.

(6) On trouvera le texte de toutes ces lois dans le recueil très méthodique et très complet de MM. Ch. Lyon-Caen et Delalain, *Des lois françaises et étrangères sur la propriété littéraire et artistique*, recueil auquel nous avons emprunté toutes les citations de lois étrangères que nous avons faites. On trouvera aussi, dans le même recueil, un certain nombre de conventions diplomatiques intervenues entre la France et divers pays, dont il est intéressant de rapprocher les dispositions de celles de la Convention de Berne de 1886.

X. — Comme on le voit, il reste beaucoup à faire pour assurer aux auteurs d'articles de journaux et de recueils périodiques la pleine et entière propriété de leurs œuvres, propriété à laquelle nous estimons qu'ils ont droit, et, par les motifs qui précèdent, nous proposons au Congrès de voter les résolutions suivantes :

1° Le droit de l'auteur sur les articles de journaux et de recueils périodiques, quel qu'en soit l'objet, est le même que pour les autres œuvres littéraires. Ces articles, ainsi que les romans-feuilletons, ne peuvent, en conséquence, être reproduits en original ou en traduction sans l'autorisation de l'auteur ou de ses ayants droit, qui ne sont astreints, pour conserver leur droit, à aucune mention de réserve ou d'interdiction ;

2° Les télégrammes, faits-divers, nouvelles officielles et autres renseignements publiés par les journaux ou recueils périodiques ne relèvent pas, à moins qu'ils n'aient exceptionnellement le caractère d'œuvres littéraires, des règles de la propriété littéraire et artistique. Leur reproduction peut, en conséquence, avoir lieu dans les termes du droit commun des législations de chaque pays.

A. CHAUMAT,

docteur en droit, avocat à la
Cour d'appel de Paris.

1283 — Paris, Imp. J. Kugelmann, 12, rue de la Grange-Batelière.

www.ingramcontent.com/pod-product-compliance
Lightning Source LLC
Chambersburg PA
CBHW071816090426
42737CB00012B/2115